改訂第2版発行にあたって

　本書は2008年の特定商取引に関する法律（以下、特商法という）の改正を踏まえて、主として消費生活相談業務に従事する方たちにコンパクトに分かりやすく特商法の規制の概要を解説することを目的として、月刊国民生活に連載したものを多少の整理のうえで合本したものを2010年12月に出版したものが元となっている。幸いにも、初版も改訂版も、特商法をはじめて学ぼうとする方たちの入門書として、また実務についておられる方たちの手軽な資料としても広く活用いただいた。

　しかし、2008年改正後も消費者を取り巻く被害状況は日々めまぐるしく変化し続けており、新しい被害実態に対処するための特商法の改正が行われてきた。2012年改正法では訪問購入が規制対象として追加され、2016年にも政令指定権利を特定権利に拡大するなど大幅な改正がなされた。

　新たな問題に対応したり、これまで不十分だと指摘されてきたことに対応するための度重なる改正により、消費生活相談業務における特商法の重要性は増しているといえる。相談者である消費者に対する助言・あっせんはもちろん、行政処分の端緒情報の捕捉、法律の不備などによる改正の必要性に関する情報収集など、相談業務の重要性は高い。

　このような状況のなかで、改訂版も内容的に不十分な点があるなど古くなったことから、現在の実務に即したコンパクトな解説書が欲しいという要望が少なくなかった。そこで現行の特商法について、政令・省令・解釈通達も踏まえ実務に即したものとなるよう改定したのが本書である。

　なお、現在（2020年8月）も、消費者庁では通信販売に関する定期購入の被害の増加に伴い、通信販売の規制の改正などの検討が進められている。この点については、今後の改正を待つことになるので、今回は盛り込むことができなかった。

　旧版同様、広く活用いただければ幸いである。

2020年12月

村　千鶴子

JN034585

改訂版発行にあたって

　本書は08年の特定商取引に関する法律（以下、特商法という）の改正を踏まえて、主として消費生活相談業務に従事する方たちにコンパクトに分かりやすく特商法の規制の概要を解説することを目的として10年12月に出版したものであった。幸いにも、特商法をはじめて学ぼうとする方たちの入門書として、また実務についておられる方たちの手軽な資料としても広く活用いただいた。

　しかし、08年改正後も消費者を取り巻く被害状況は日々めまぐるしく変化し続けており、新しい被害実態に対処するための特商法の改正が行われている。12年改正法では訪問購入が規制対象として追加され、本年（16年6月3日公布）にも改正された。16年改正法は公布の日から1年6カ月以内に政令で指定する日から施行される。政省令などの整備は施行日までに行われることになっている。

　このような状況のなかで改正法の概要も含めたコンパクトな解説書が欲しいという要望が少なくなかった。そこで12年と16年改正を踏まえて改訂した。今回の改訂では、適格消費者団体による差止請求についても新たな項を設けて取り上げることにした。

　広く活用いただければ幸いである。

2016年11月

村　千鶴子

はじめに

　特定商取引に関する法律（以下、特商法という）は、日常の消費生活において身近にみられる訪問販売や通信販売などの特殊な取引について規制している法律である。

　10年12月現在、同法で規制しているのは、販売方法に特殊性がある訪問販売・電話勧誘販売・通信販売、継続的サービス取引をまとまって契約させることからトラブルが起こりがちな特定継続的役務提供、儲け話で誘って消費者の日常生活では必要としていない商品やサービスを購入させる連鎖販売取引（いわゆるマルチ商法）・業務提供誘引販売取引（いわゆる内職商法）の6種類である。特商法では、これらの取引を適正化するための事業者に対する規制と、消費者被害を救済しやすくするための民事ルールとを定めている。特商法は、他の事業者に対する規制法（例えば、金融商品取引法、貸金業法、宅地建物取引業法など、さまざまな法律がある）などと比較すると、消費者被害を救済するための民事ルールが豊富に定められている点に特徴がある。

　このようなことから、特商法は、消費生活相談において活用する場面が多く、消費生活相談に従事するうえでは、必要不可欠な法律であるといえる。本書では、特商法のしくみと制度の概要を分かりやすく解説するとともに、消費生活相談で民事ルールを活用する際の注意点などについても分かりやすく解説することに留意している。

　なお、本書は、『月刊国民生活』に2009年4月号から2010年8月号まで連載した誌上法学講座【特商法・割販法を学ぶ】の第1回〜第16回をもとに、若干の加除訂正を加えて一冊にまとめたものである。

　現に消費生活相談業務に従事している行政職員や相談員、これから消費生活相談員になるための勉強を始めたいと考えている方、また、特商法についてこれから学びたいと考えている方たちにも、入門書として活用していただければありがたい。

2010年12月

村　千鶴子

目　　次

特定商取引法とは どういう法律か

（1）制定と改正の経緯

　特商法は、1976年「訪問販売等に関する法律」として制定された。この時点では、工業製品の中から「政令指定商品にかかる訪問販売・通信販売」および「商品にかかる再販売型連鎖販売取引」の3種類を規制していた。その後、新たな消費者被害が社会問題化する都度、大幅な改正を繰り返して、規制取引を追加したり、規制内容を強化したりしてきた。2000年の改正で法律の名称を現行の「特定商取引に関する法律」（略称・特定商取引法）と改めた。

　これまでの大きな改正の主な概要は下記のとおり。

1988年改正

　サービス化時代を反映して指定役務・指定権利制を導入した。訪問販売の定義を拡大し、キャッチセールスやアポイントメントセールスなどの特定顧客取引も対象とした。クーリング・オフ期間を8日間に延長するとともに現金取引の場合も書面交付義務とクーリング・オフの対象とした。

　連鎖販売取引の定義を拡大し、役務提供・あっせん、および販売の委託・あっせんも対象とした。

1996年改正

　電話勧誘販売を規制対象に追加した。

1999年改正

　特定継続的役務提供を規制対象に追加し、学習塾など4役務を指定した。

2000年改正

　業務提供誘引販売取引を規制対象に追加し、法律の名称を現行の「特定商取引に関する法律」に変更した。連鎖販売取引の特定負担の金額の要件を廃止した。

2004年改正

　不実告知等のクーリング・オフ妨害行為によるクーリング・オフ期間の延長制度や、不実告知等による取消制度を導入した。

2008年改正

　商品・役務の政令指定制度を廃止した（指定権利は維持）。訪問販売に過量販売解除制度、通信販売に返品制度を導入した。適格消費者団体による差止請求訴訟制度の対象となった。

2012年改正

　訪問購入を規制対象に追加した。

2016年改正

　指定権利を特定権利に拡大し、電話勧誘販売に過量販売解除制度を導入した。特定継続的役務に美容医療を追加した。行政処分である業務停止命令に伴う業務禁止命令を導入し規制を強化した。

（2）法律の目的

　法1条では、法律の目的について「特定商取引（訪問販売、通信販売及び電話勧誘販売に係る取引、連鎖販売取引、特定継続的役務提供に係る取引、業務提供誘引販売取引並びに訪問購入に係る取引をいう。……）を公正にし、及び購入者等が受けることのある損害の防止を図ることにより、購入者等の利益を保護し、あわせて商品等の流通及び役務の提供を適正かつ円滑にし、もつて国民経済の健全な発展に寄与することを目的とする。」と定めている。

　規制対象の取引を公正にし、消費者を保護することが第一義的な目的である点は、法律の解釈・運用のうえで重要なポイントである。

（3）規制対象取引

　制定当時は、1960年代に社会問題となった訪問販売、通信販売、連鎖販売取引の3種類の取引を規制対象とするにとどまっていたが、その後、新たに社会問題となった取引について、法律を改正して規制対象取引としてきた。法律改正に当たっては、全国の消費生活センター等に寄せられた消費者被害のデータが重要な役割を果たしてきた。したがって、消費生活相談では、消費者から相談を受けた際に「特商法の適用がないから救済方法はない」といって切り捨てるのではなく、「どのような取引で、なぜ被害が起こるのか」といった点を丁寧に拾い上げて情報として収集することが重要であることを十分認識しておく必要がある。つまり、特商法の規制内容を理解することは、「相談者に対して適切な助言をする」という目的にとどまらず、規制が不十分な被害についてもきちんとすくい上げていくうえで重要なのである。

　改正の結果、現在では、規制対象取引は、訪問販売、通信販売、電話勧誘販売、連鎖販売取引、特定継続的役務提供（7種類の継続的役務）、業務提供誘引販売取引、訪問購入の7種類である。なお、このほか、ネガティブ・オプション（いわゆる「送り付け商法」）として、事業者から一方的に送り付けられた商品の取扱いについての定めを雑則で設けている。

（4）規制のスタンスと法律の性格

　消費者の権利を守るための法律としては、消費者契約法（以下、消契法という）のような契約における当事者間ルール（「民事ルール」ともいう）と、事業者を規制することによって取引を適正化することで消費者被害の将来的な防止を図ることを目的とする行政法としての業法がある。

　業法では、開業規制を採り、法律で事業者に対してさまざまな行為規制を定め、違反した場合には、行政処分、登録・許認可などの取消し、刑事罰などの不利益処分のしくみを採っているものが多い。例えば、貸金業法、宅地建物取引業法、旅行業法、金融商品取引法などは、典型的な業法である。そして、これらの法律には、事業者が違法行為を行った場合に、被害にあった消費者の損害を回復するための制度（当事者間ルール＝民事ルール）は盛り込まれていないことが一般的である。

　一方、消契法は民事ルールであるので、事業者が違法行為を行った場合には、消費者が契約を取り消すなどの方法で自分の被害を解決するためのツールとして活用するしくみになっている。したがって、違法行為をしている事業者に対して、行政庁などがそれを規制するというしくみはない。

　特商法は、制定当時からクーリング・オフ制度という民事ルールが導入されていたが、それを除けば、典型的な業法であった。ただし、多くの業法とは異なり、当初から開業規制を採らず、誰でも自由に事業を行うことができるが、事業活動を行うに当たっては特商法を遵守する義務を課すとしていた。

　その後、2004年、2008年、2016年の改正で、特商法には、クーリング・オフに加えてさまざまな民事ルールが導入された。2004年改正では不実告知等による取消制度が、2008年改正では訪問販売に、2016年改正で電話勧誘販売に過量販売にかかる行政規制と解除制度が導入された。この点から、特商法は単なる業法にとどまらず、当事者間ルールとしての特色を持つ独特な法律であり、消費生活相談におけるあっせんなどで大変大きな存在意義を持つ。

　特商法の規制の考え方の大きなポイントは「消費者の自主的で適切な選択の機会を確保する」という視点で貫かれている点である。2000年前後の規制緩和の流れのなかで「事業者には、情報格差を是

正するために消費者に対して情報を提供する義務と説明義務がある」とする考え方が一般化してきたが、特商法は、制定当初から、事業者に対して消費者に対する情報開示義務を定め、消費者の自主的な選択の機会を確保することを目的としてきたといえる。情報開示義務の具体化されたものが広告規制であり、各種の書面交付義務であり、勧誘の際の不実告知などの禁止である。消費者の自主的な選択の機会を確保するための制度が、クーリング・オフ制度であり、威迫困惑行為や迷惑勧誘行為の禁止である。

（5）規制の概要

規制としては行政規制と民事ルールに分けることができる。

行政規制は、事業者に対する行為規制であり、取締規定である。違反した事業者に対しては、行政処分や刑事罰などの不利益処分の制度がある。行政処分は、改善のための指示、最長で2年間の業務停止命令と業務禁止命令があり、いずれの場合も処分について公表しなければならないとされる。処分権限は国（消費者庁と経済産業局）と都道府県にある。特商法による行政処分は積極的に運用されている。

民事ルールは、事業者と消費者との間の契約トラブルを解決するための民事ルールである。消費者が被害にあった場合に、契約を解除したり、取り消したり、中途解約したりするための根拠規定が定められている部分がこれに当たる。

行政における特商法の活用としては、規制行政である消費者庁では特商法の行政規制を、支援行政である消費生活相談では、主として民事ルールの部分を活用する、という役割分担となる。ことに、消費者を救済する場面では、民事ルールが正しく理解され、十分に活用されることが重要である。

（6）取引ごとに異なる規制

行政規制と民事ルールの定めは、取引ごとに異なっている。取引ごとの特徴によって消費者被害が発生する原因が違うため、その特徴に応じて、消費者に対する情報開示義務、選択の機会の確保を目的として必要な制度を定めている。

特商法の規制の概要は一覧表のとおりである（表1）。

訪問販売・電話勧誘販売では、不意打ち性と閉鎖性に着目した規制となっている。通信販売では、隔地者間の取引であり、広告と通信手段によらざるを得ない点に着目した規制である。連鎖販売取引と業務提供誘引販売取引は、欺瞞性の高い複合的な取引であり、利益が得られると誘引して商品や役務（サービスのことをいう）を購入させる点に着目した規制となっている。特定継続的役務提供は、長期間にわたる内容であるうえに、サービスの質や効果が分かりにくく利用者によって満足度にばらつきがある取引であることから、消費者にとってはリスクが高いという点に着目した規制となっている。訪問購入は、訪問販売と同様の行政規制に加えて、従来の特商法にはなかった不招請勧誘を禁止するとともに、クーリング・オフの実効性を担保するための制度を盛り込んだ規制となっている点に特徴がある。

なお、個々の規制内容については、規制対象取引ごとの解説を参照されたい。

表1　特商法の規制概要

		訪問販売	通信販売	電話勧誘販売	連鎖販売取引	特定継続的役務提供	業務提供誘引販売取引	訪問購入
	定義規定	2条1項	2条2項	2条3項	33条	41条	51条	58条の4
行為規制	勧誘目的明示義務	3条	×	16条	33条の2	×	51条の2	58条の5
	不招請勧誘の禁止	×	×	×	×	×	×	58条の6第1項
	勧誘を受ける意思の確認義務	3条の2第1項*3	×	×	×	×	×	58条の6第2項
	再勧誘の禁止	3条の2第2項	×	17条	×	×	×	58条の6第3項
	不当行為の禁止	6条	×	21条	34条	44条	52条	58条の10
	その他	×	意に反する申込みの禁止*4	×	×	帳簿閲覧権45条		物品の引渡しに関する規制*6
広告規制	広告表示	×	11条	×	35条	×	53条	×
	誇大広告禁止	×	12条	×	36条	43条	54条	×
	迷惑メール規制	×	12条の3 12条の4	×	36条の3 36条の4	×	54条の3 54条の4	×
書面交付義務	概要書面	×	×	×	37条1項	42条1項	55条1項	×
	申込書面*1	4条	×	18条	×	×	×	58条の7
	契約書面	5条	×	19条	37条2項	42条2項 42条3項	55条2項	58条の8
民事ルール	クーリング・オフ	9条	× 15条の3*5	24条	40条	48条	58条	58条の14
	過量販売規制	9条の2	×	24条の2	×	×	×	×
	取消制度	9条の3	×	24条の3	40条の3	49条の2	58条の2	×
	中途解約	×	×	×	40条の2	49条	×	×
	損害賠償額の制限	10条	×	25条	40条の2(3項、4項)	49条(2項、4項、6項)	58条の3	58条の16
行政処分	合理的資料の提出制度*2	6条の2	12条の2	21条の2	34条の2 36条の2	43条の2 44条の2	52条の2 54条の2	×
	指示	7条	14条	22条	38条	46条	56条	58条の12
	業務停止	8条	15条	23条	39条	47条	57条	58条の13
	業務禁止	8条の2	15条の2	23条の2	39条の2	47条の2	57条の2	58条の13の2

＊1　申込みと同時に契約した場合は、書面交付は不要（契約書面の交付で足りる）
＊2　事業者が、広告の表示、勧誘時の説明が事実であることを裏付ける資料を提出しない場合には、誇大広告・不実告知とみなして行政処分できる制度
＊3　努力義務
＊4　顧客の意に反して契約の申込みをさせようとする行為の禁止（法14条1項2号）
＊5　広告に返品制度の記載がない場合は、商品が届いた日から起算して8日間返品ができる
＊6　物品の引渡しの拒絶に関する告知義務（法58条の9）、第三者への物品の引渡しについての消費者への通知義務（法58条の11）、物品の引渡しを受ける第三者に対する通知義務（法58条の11の2）

第2章 訪問販売

誌上法学講座
—特定商取引法を学ぶ—

1. 訪問販売とは

（1）規制の趣旨

特商法では最初に訪問販売に関する規制を設けている。訪問販売は、1960年代に多数の消費者被害を引き起こした特殊な販売方法による取引であるが、現状でも、高齢者や若者を中心に多くの消費者取引被害が発生している。したがって、訪問販売に関する規制は、消費生活相談においては常識として知っておくべき重要なものとして位置づけられる。また、訪問販売に関する規制は、不意打ち性のある取引に関する規制の基本的な枠組みであるといってもよく、特商法の規制のしくみを理解するうえでの基本的なものでもある。

訪問販売については、第1に消費者にとって不意打ち性があること、第2に閉鎖的な場所での取引であることから、消費者被害が生じやすいとの観点に立って規制を定めている。1976年制定当初は「店舗以外での取引」を「訪問販売」と定義していたが、1988年改正で「特定顧客取引」の概念を導入し、消費者にとって不意打ち性のある取引であれば、取引の場所が店舗などの営業所であっても訪問販売として規制する制度に改められた。これにより、訪問販売は不意打ち的な取引に対する規制と位置づけられることになった。

（2）定義

特商法では、訪問販売について第1に「販売方法」、第2に「販売する商品・役務・権利の種類」の2点から定義している。

販売方法については、第1に事業者が「営業所、代理店その他の主務省令で定める場所（営業所等）以外の場所において、売買契約の申込みを受け、若しくは売買契約を締結」する取引（法2条1項1号）、第2に「特定顧客との取引」（法2条1項2号）の2種類のものについて適用対象と定めている。特定顧客との取引の場合には営業所等における取引であっても訪問販売に該当する点が重要である。

「営業所等」に該当するものであるためには、省令1条4号で、

①一定期間（2、3日以上）にわたること
②消費者が商品を自由に選択できるように陳列されていること（消費者が自由に選択できない状況のときは、この条件を満たさない）
③店舗に類似する販売のための施設を有している場所であること

の3種類の要件をすべて満たすことが必要とされている。③の要件を満たす場所としては、具体的にはデパート・複合ビルなどの催事場、常設展示場、ホテル、しばしば展示販売が行われる公会堂等の公共施設、体育館などである。

「特定顧客」は、消費者にとって不意打ち的な取引であるいわゆるキャッチセールス、アポイントメントセールス、催眠商法などを規制対象とするために導入された制度である。具体的には以下の①〜③が該当する。

①営業所等以外の場所で呼び止めて営業所等に同行させた者（キャッチセールス）（法2条1項2号）
②電話、郵便、信書便、電報、ファクシミリもしくは電磁的方法（電子メール、SMS、SNS）により、

もしくはビラ・パンフレットを配布し、もしくは拡声器で住居の外から呼びかけることにより、または住居を訪問して、契約の締結について勧誘をするためのものであることを告げずに営業所等への来訪を要請された者（政令1条1号）であり、販売意図を隠して呼び出すタイプのものを指定する趣旨（催眠商法や勧誘目的隠匿型のアポイントメントセールス）
③電話、郵便、信書便、電報、ファクシミリもしくは電磁的方法（電子メール、SMS、SNS）により、または住居を訪問して、他の者に比して著しく有利な条件で契約できる旨を告げて特定の場所への来訪を要請する場合（政令1条2号）であり（典型的なものは、「あなたは選ばれた」などと呼び出すアポイントメントセールスである）、販売目的は隠していないが誘惑的な要素が強いものを指定する趣旨である。
なお、③の場合には、「有利である」ことは真実であっても規制対象となる。ただし、③についてはこの呼び出し以前に当該事業者との間に取引があった場合には適用から除外される。この除外については、双方に健全な取引実績があり信頼関係がある場合には適用除外とする趣旨であり、次々販売被害による場合であって後述の過量販売に該当する場合には除外されない。
また、勧誘目的を隠して営業所等に同行したり呼び出したりした消費者に対して、その時には契約の申込みや締結をさせないで、目的を隠したまま繰り返し来訪を約束させ、その来訪時に勧誘をして契約の申込みをさせたり契約を締結させる手口が多発している。このような手口も消費者にとっては不意打ちになることから、特定顧客性が継続していると評価することができ、特定顧客取引に該当する。

（3）適用対象の商品・役務・権利

訪問販売の定義では、販売方法のほかに「何を」購入するかについても押さえておく必要がある。商品と役務については、原則としてすべてが対象とされる（ただし、法26条1項で適用除外とされているものは除かれる）。権利については、特定権利の販売である必要がある。特定権利以外の権利の販売の場合には、訪問販売の規制は及ばない。

「特定権利」とは、次の3種類の権利である（法2条4項）。
①施設を利用し又は役務の提供を受ける権利のうち国民の日常生活に係る取引において販売されるものであつて政令で定めるもの（1号）
②社債その他の金銭債権（2号）
③株式会社の株式、合同会社、合名会社若しくは合資会社の社員の持分若しくはその他の社団法人の社員権又は外国法人の社員権でこれらの権利の性質を有するもの（3号）

1号の政令で指定された権利は下記の**表2**のとおりである。2号、3号の権利については、金融商品取引法の規制対象取引は法26条1項で適用除外とされているものがある。金融商品取引法の適用対象取引ではない社債等や株式等の訪問販売・通信販売・電話勧誘販売のケースに特商法の規制が及ぶ。典型的なケースが金融商品取引法に基づく登録を受けていない無登録業者による未公開株の販売などである。また、発行者自らによる株式や社債等の販売も規制対象となる。

表2　政令で指定された権利（政令3条別表第一）

一	保養のための施設又はスポーツ施設を利用する権利
二	映画、演劇、音楽、スポーツ、写真又は絵画、彫刻その他の美術工芸品を鑑賞し、又は観覧する権利
三	語学の教授を受ける権利

（4）商品・役務・特定権利の区別

　消費生活相談では、消費者の契約の対象（目的物）の内容を把握し、要件に当てはめて判断する必要がある。ここでは、商品に該当するか、役務に該当するか、あるいは特定権利なのかの判断のポイントを整理しておこう。

　商品には不動産も含まれる。ただし、宅地建物取引業法の規制対象取引は法26条1項で適用除外とされているため、訪問販売の規制が及ぶ不動産の売買とは、取引対象の実態が山林・原野である取引である。

　イラクディナールなど、国内での換金が難しい外国通貨を利殖をうたって販売する取引は、投資商品の販売と考えられるため、訪問販売の規制が及ぶ。

　契約書の記載など、外形上は権利の販売であっても、取引の実態が投資スキーム（消費者の財産の運用）である場合には、資産運用という役務に該当し、訪問販売の規制が及ぶ。この判断においては、契約書などの確認だけでは不十分で、パンフレットなどの説明資料や勧誘の際のセールストークの内容、消費者が契約することにした理由などを丁寧に聴き取り、資料を収集することがポイントとなる。

　例えば、お墓の利用権は特定権利ではないので、消費者が自分で利用する目的でお墓の利用権を購入する契約は、訪問販売の規制が及ばない。しかし、訪問販売業者から「いまなら安く購入できる。安く購入して、高く販売すれば資産運用になる。転売の面倒も見る」などと勧誘されて、資産運用のために契約した場合には、役務取引として規制が及ぶということである。

（5）適用除外

　まず、以下の場合には適用除外とされ、特商法の適用はない（法26条1項）。
①購入者が営業のためまたは営業として契約するもの（1号）

②海外にいる人に対する契約（2号）
③国、地方公共団体が行う販売または役務の提供（3号）
④特別法に基づく組合、公務員の職員団体、労働組合が組合員等に対して行う販売または役務の提供（4号）
⑤事業者がその従業員に対して行う販売または役務の提供（5号）
⑥株式会社以外が発行する新聞紙の販売（6号）
⑦弁護士との契約（7号）

　さらに、他の法令で消費者の利益を保護することができると認められるものも適用除外としている（**参考資料91～92ページ**）。

　法律で適用除外とされたのは、金融商品（8号イ）、宅地建物取引（8号ロ）、旅行（8号ハ）である。政令による適用除外は、業法で特商法と同レベルの消費者取引の適正化に対する規制とそれを担保するための行政監督制度を整備しているものであり、二重規制を防止する趣旨であると説明されている。したがって、業法が存在していても消費者取引の適正化を対象としていないものや実効性ある行政監督制度がないものは適用除外とはされない。

　一方、訪問販売は、前述のとおり、不意打ち的な取引に関する国内法である。この趣旨から、不意打ち性のない、いわゆる御用聞き、常連取引などは適用除外とされる（法26条6項2号）。ただし、氏名等の明示および再勧誘の禁止規定は適用される。

　注意が必要なのは、消費者が、自宅での取引を希望して事業者に来訪を要請した場合（いわゆる要請訪問販売、請求訪問販売）である（法26条6項1号）。消費者が明確な契約意思を表明して、事業者に自宅への来訪を要請し、消費者の要請のとおりの契約を結んだ場合は、氏名等の明示および再勧誘の禁止以外の規定は適用されない。しかし、来訪

した事業者が、消費者が来訪を要請した際の内容とは異なる内容の契約の勧誘を行った場合には、訪問販売に該当することになる。消費者がどのような目的と内容で来訪を要請したのかは重要なポイントになる。例えば、消費者が水道の水漏れ修理の依頼をしたところ、訪問したうえで高額なリフォーム工事の契約をさせたとか、浄水器を購入させたといった場合には、訪問販売の規制が及ぶ。

2. 行政規制

　訪問販売を適正化するための行政規制の概要は、下記のとおりである。
①訪問販売をしようとする場合には、事業者名、勧誘目的であること、販売する商品・役務・権利の種類を明示する必要がある。（法3条）
②勧誘を受ける意思の確認義務（努力義務）があり、契約をしない旨を表明した者への再勧誘が禁止されている。（法3条の2）
③事業者には契約内容を明らかにする書面を交付すべき義務がある。申込みを受け付けた段階では直ちに申込書面を交付（法4条）し、契約を締結したら遅滞なく契約書面を交付しなければならない（法5条）2段階の義務がある。ただし、申込み後すぐに契約の締結に進む場合は、申込書面の交付義務はなく、契約書面のみの交付で足りる。交付書面に記載すべき事項は、法律と省令で詳細に定められている。書面の交付がなかったり、記載事項に不備があった場合には行政処分の対象となるだけでなく、刑事罰もある（法71条1号）。書面交付義務は、事業者の消費者に対する情報開示義務として極めて重要かつ基本的な制度として位置づけられているわけである。
④契約の締結について勧誘する際およびクーリング・オフを妨害するための不当な行為は禁止されている。重要事項について不実の告知をすること、重要事項について故意に告げないこと、契約させるためやクーリング・オフさせないために威迫して困惑させることが禁止されている（法6条1項〜3項）。さらに、勧誘目的を隠して呼び止めて同行したり、勧誘目的を告げずに呼び出して、公衆の出入りする場所以外の場所において勧誘する行為も禁止されている（法6条4項）。なお、行政処分の対象とする不当な行為については法7条および省令に定めがある（**参考資料96ページ**）。
⑤過量販売の禁止と解除（法7条1項4号、9条の2）その消費者にとって通常必要とされる分量を著しく超える商品や役務などの契約について「過量販売」として禁止している。過量販売に該当するのは、1件の契約の対象が過量である場合だけではなく、同種の商品を繰り返し販売して契約させた結果、合計すると過量になる場合（いわゆる次々販売）も対象になる。次々販売の場合は、過量になること、または既に過量になっていることを事業者が知りつつ（ここでいう「知りつつ」とは、消費者が既に同種の商品を持っている分量や、過去に消費者が締結した契約を知っていた、などの事実を事業者が知っていたという客観的事実を意味する）販売したことを消費者が立証する必要があるとされている。さらに、過量販売契約は契約締結から1年間は申込みの撤回、または契約の解除をすることができる。次々販売の場合は、「この契約が履行されると過量になる」と判断される以降の契約が、解除の対象となる。
解除した場合の清算方法はクーリング・オフの規定が準用されるが、クーリング・オフに関する適用除外の適用はない（**後述「5. 過量販売規制」参照**）。
⑥重要事項について不実の告知をしたか否かを判

断する必要がある場合には、主務大臣（都道府県知事にも権限委任されている）は、事業者に期間を定めて合理的な根拠を示す資料の提出を求めることができる。合理的根拠を示す資料が提出されない場合には、不実告知があったものとみなされる（法6条の2）。これは、事業者は消費者を勧誘する際には合理的な裏づけに基づいた勧誘をすべきであるとする考え方によるものであり、プロ（事業者）の素人（消費者）に対する社会的責任が前提となっているものと考えられる。この制度の導入により、行政処分の運用が積極的に行われるようになった。

　①〜⑥の規定に違反した場合には行政処分の対象となり、改善するよう指示ができる（法7条1項）。なお、支払能力を虚偽申告させる行為や、支払いのために貸金業者の営業所へ連行したり、預貯金を引き出させたりする行為なども、指示対象となる**（参考資料96ページ）**。違反の程度が重い場合には2年以内の期限を定めて業務停止命令を行うことができる（法8条1項）。業務停止命令の場合には、事業者の役員（取締役など）や、違法行為について主導権を持っていた従業員に対して、業務停止命令と同じ期間の業務禁止命令ができる（法8条の2）。これらの行政処分を行った場合、主務大臣による公表が義務づけられている（法8条2項、8条の2第2項）。また、業務停止命令等に違反した場合には上記⑥を除き懲役刑を含む刑事罰の定めがある（法70条2号）**（参考資料95ページ）**。

3. クーリング・オフ制度

（1）クーリング・オフ制度の趣旨

　特商法では、訪問販売について8日間のクーリング・オフ制度を設けている（法律上の表現は、「申込みの撤回若しくは契約の解除」である）。

　クーリング・オフ制度は、消費者がいったん契約の申込みあるいは契約の締結をした場合であっても、一定期間は頭を冷やして考え直すことができる機会を確保することを目的とした制度である。クーリング・オフ期間内は「もう一度、契約するかどうか選択できる考え直すための期間」であり、その期間内であれば消費者から一方的に契約関係を解消できる。

　クーリング・オフ制度の大きな特徴は、第1に、民法などで定められている契約の取消しや債務不履行解除などと違って理由を問わず消費者から一方的に契約を解消できること、第2に、クーリング・オフした後の清算方法について特商法で具体的に規定しており、その清算ルールは民法上の解除や取消しの場合の巻戻しのルールとは異なり、消費者保護に徹した処理内容となっている点である。したがって、クーリング・オフ制度は、消費者がいったん締結した契約について、事業者から受けとった書面の記載内容に基づいて吟味した結果、自分にとっては不必要なものであることに気がついて契約から離脱したいと考えた場合、最も活用しやすい効果的な解決方法として、制度が組み立てられている。

　なお、クーリング・オフ制度は、特商法で規制する取引のうち通信販売を除く6種類の取引に設けられている。ただし、細かい点で取引ごとに若干の違いがあるので注意が必要である。電話勧誘販売のクーリング・オフ制度は訪問販売とほぼ同様である。

　クーリング・オフ制度は片面的強行規定とされている（法9条8項）。したがって、特商法のルールよりも

消費者に不利な特約は無効である。ただし、例えばクーリング・オフ期間を延長するなどの消費者にとって有利な特約は有効である。

（2）クーリング・オフ期間と起算日

　訪問販売による契約は、申込みの撤回若しくは契約の解除ができる。ただし、次の期間が経過した場合はこの限りでない。つまり、クーリング・オフはできなくなると定められている（法9条1項）。

　クーリング・オフができなくなるのは、申込書面（法4条）または契約書面（法5条）の受領の日を1日目として計算して8日を経過したときである（法9条1項）。民法では、期間計算は翌日から起算する（初日不算入）ことになっているが、特商法ではクーリング・オフ期間の計算の場合は書面交付の日から起算する（初日算入）ことになっている点に注意する必要がある。

　申込書面を受領している場合にはその日から起算するが、適法な申込書面を受領していない場合には、契約書面の受領の日から起算する。どちらの書面の受領もない場合にはクーリング・オフ期間が起算しないため、契約から8日を過ぎていてもクーリング・オフできる。

　問題は受領した書面の記載事項が不完全であったり、虚偽であったりした場合である。法律では、申込書面と契約書面について記載事項を定めており（法4条、5条）（**表3**）、記載不備や虚偽記載などの違反があった場合には行政処分および刑事罰の定めがある（法71条1号）。書面の交付は、事業者から消費者に対して取引の内容についての情報開示義務を法定したもので、事業者の基本的かつ重要な法律上の義務である。刑事罰の規定で担保されているのは、その趣旨による。なお、記載事項は省令で極めて具体的かつ詳細に定められているので、留意する必要がある（省令3条〜6条）。

表3　訪問販売　申込書面記載事項（法4条）

商品（権利、役務）の種類	法4条1号
販売価格（役務の対価）	法4条2号
代金（対価）の支払時期、方法	法4条3号
商品の引渡時期（権利の移転時期、役務の提供時期）	法4条4号
クーリング・オフに関する事項（クーリング・オフの適用除外がある場合はその旨も含む）	法4条5号
事業者の氏名（名称）、住所、電話番号、法人ならば代表者の氏名	省令3条1号
契約の申込み又は締結を担当した者の氏名	省令3条2号
契約の申込み又は締結の年月日	省令3条3号
商品名、商品の商標又は製造者名	省令3条4号
商品の型式	省令3条5号
商品の数量	省令3条6号
引き渡された商品が種類又は品質に関して契約の内容に適合しない場合、販売業者の責任についての定めがあるときには、その内容	省令3条7号
契約の解除に関する定めがあるときには、その内容	省令3条8号
そのほか特約があるときには、その内容	省令3条9号

＊書面の字の大きさは8ポイント（官報の字の大きさ）以上でなければならない。
　また、赤枠の中に赤字で、書面をよく読むべき旨およびクーリング・オフの事項について記載しなければならない。
＊契約書面（法5条）の記載事項は、現金取引の場合を除き申込書面とほぼ同一である。

　クーリング・オフ期間の起算日をこれらの書面の交付日を初日とすることとした趣旨は、事業者から消費者に対して、取引に関する重要な情報が一覧すれば分かるようなかたちで書面化して開示された日から起算することとしたものである。つまり、事業者から交付された書面を見れば、消費者は自分が行った取引の内容を知ることができ、この情報に基づいて契約

内容等を調べたり契約の可否を熟慮することができるということで、熟慮期間の起算日としたということなのである。

　したがって、書面の交付がなかったり、交付された書面の記載内容に不備がある場合には、熟慮のための基礎情報が足りないこととなるので、クーリング・オフ期間は始まらない。クーリング・オフ期間をめぐる裁判例は多数あり、法定書面の記載事項を厳格に解し、不備がある場合にはクーリング・オフ期間は開始しないとするのが近年の動向である。事業者にとって法定書面の交付は遵守が容易にできる行為であること、裁判所は行政処分や刑事罰で担保される書面交付義務を遵守しない事業者の責任を重くみていることと、熟慮のための情報開示が不十分であるとの観点から、法定書面の記載不備は厳格に解すべきであるとする。

（3）クーリング・オフの適用除外

　クーリング・オフ制度がなじまない取引などは、適用除外とされている。例えば、自動車の販売およびリース（政令6条の2）、各事業法による電気・ガス・熱の供給契約・葬儀サービスなどである（政令6条の3）。なお、電気、ガスの自由化に伴う小売事業者との契約についてはクーリング・オフ制度の対象である。

　3,000円未満の現金取引が完了した（事業者が商品等を引き渡し消費者が代金全額を支払った）場合（政令7条）も適用除外とされている。

　開封したり、一部を使用しただけでも商品価値がまったく無くなってしまう消耗品のうち政令6条の4で指定されたものは、法定書面が交付されており、消費者が自分の判断で使用した場合には、通常小売りされている最小単位で適用除外となる（表4）。

　また、契約締結後直ちに履行されることが通常である取引として政令で指定された役務については、

表4　指定消耗品（政令6条の4別表第三）

一	動物及び植物の加工品（一般の飲食の用に供されないものに限る。）であつて、人が摂取するもの（医薬品（医薬品、医療機器等の品質、有効性及び安全性の確保等に関する法律（昭和三十五年法律第百四十五号）第二条第一項の医薬品をいう。以下同じ。）を除く。）
二	不織布及び幅が十三センチメートル以上の織物
三	コンドーム及び生理用品
四	防虫剤、殺虫剤、防臭剤及び脱臭剤（医薬品を除く。）
五	化粧品、毛髪用剤及び石けん（医薬品を除く。）、浴用剤、合成洗剤、洗浄剤、つや出し剤、ワックス、靴クリーム並びに歯ブラシ
六	履物
七	壁紙
八	医薬品、医療機器等の品質、有効性及び安全性の確保等に関する法律第三十一条に規定する配置販売業者が配置した医薬品（薬事法の一部を改正する法律（平成十八年法律第六十九号）附則第十条に規定する既存配置販売業者が配置したものを含む。）

書面交付義務とクーリング・オフの規定が適用除外とされている。

　政令で指定された役務は、
①いわゆる海上タクシー
②飲食店での飲食
③あん摩、マッサージ等の施術
④カラオケボックスの利用
の4種類で、営業所等以外の場所で呼び止めて営業所等で契約した場合である（政令6条）。

（4）クーリング・オフ妨害があったとき

　事業者が消費者のクーリング・オフを妨げるために不実の告知をしたり、威迫して困惑させたりした場合（図1）には、クーリング・オフ期間は延長される（法6条、9条1項）。

　クーリング・オフ制度は、事業者が消費者に対して、契約後であっても一定期間は熟慮期間を確保

図1　クーリング・オフ妨害があった場合

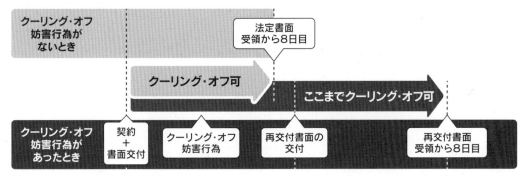

すべき義務を負うとするものである。事業者が消費者
のクーリング・オフを妨げる行為をした結果、消費者
がクーリング・オフできなかった場合には、事業者が、
熟慮期間の確保をしていないことになる。したがって、
このような場合には、契約から8日を経過していたとし
てもクーリング・オフができると定めたわけである。

　この場合には、省令7条の4第1項で定める記載事
項を記載した書面を改めて交付する必要があり（この
書面のことを「再交付書面」という）、この書面の
交付の日から起算して8日間が経過するまではクーリン
グ・オフができる。再交付書面には、

①クーリング・オフ妨害をしたためにクーリング・オフ
　期間が到来していないこと
②この書面を受け取った日から8日を経過するまでは
　クーリング・オフできること
③契約年月日・購入商品名・契約金額などの契約
　を特定する事項
④事業者と担当者を特定する事項
などが記載されていなければならない。

　事業者は、消費者がこの書面を見ていることを確
認したうえで、これから8日間経過するまではクーリン
グ・オフできることを口頭で告げる必要がある。このよ
うにして交付されなかった場合には、再交付書面の
交付から8日間経過した場合であっても消費者は依

然としてクーリング・オフをすることができる。

（5）クーリング・オフは撤回できるか

　消費者がクーリング・オフの通知を出したところ、事
業者からクーリング・オフを撤回するよう圧力をかけてく
る場合がある。消費者がクーリング・オフの撤回をさ
せられた場合にはクーリング・オフできなくなるかどうか
が問題となる。事業者からは「クーリング・オフを撤
回すれば、もとの契約が復活することになり、クーリング・
オフ期間は既に経過しているから、再度のクーリング・
オフはできない」と主張してくることがあるためである。

　クーリング・オフとは、契約の解除である。民法では、
契約の解除権の行使に関する規定である540条2
項において「前項の意思表示（契約を解除すると
の意思表示）は、撤回することができない。」と定め
ている。この規定によれば、クーリング・オフの意思
表示の撤回は認められないことは当然である。事業
者の言い分は成り立たない。

　上記のような事例の場合には、消費者は訪問勧
誘により新たな契約をしたものとして取り扱うことにな
る。事業者は、新たな契約について書面を交付す
る義務を負い、書面交付の日から改めてクーリング・
オフ期間を計算する。新たに書面の交付がなされて
いなければ8日を経過していてもクーリング・オフがで

きる（神戸簡裁平成17年2月16日判決『消費者法
ニュース』67号203ページ）。

（6）クーリング・オフは発信主義

　クーリング・オフの通知の効果が生じる時期につい
ては発信主義を採る。消費者が事業者に対してクー
リング・オフの通知を発信した日に効果が発生する。
したがって、クーリング・オフ期間の最終日にクーリング・
オフ通知を発信し、事業者に到達するのが8日を経過
した後であっても、クーリング・オフは有効である。民
法の原則では、意思表示は到達主義を採っているが、
クーリング・オフについては消費者にとって分かりやす
いように例外的な取扱いとなっているわけである。

（7）クーリング・オフ後の清算

　クーリング・オフをすると契約は当然に最初（契約
前）にさかのぼって解消される。そこで、契約がなかっ
た状態への巻戻し処理が必要となる。この巻戻しの
処理方法について、特商法は詳細な規定を置いて
いる（法9条3項〜7項）。その概要は、下記のとお
りである。

①事業者は、クーリング・オフに伴う損害賠償または
　違約金の支払いを請求することができない。（3項）
②クーリング・オフがあった場合、契約に係る商品の
　引渡しまたは権利の移転が既にされているときは、
　その引取りまたは返還に要する費用は、事業者の
　負担とする。（4項）
③事業者は、既に契約に基づき役務が提供され、
　または特定権利の行使により施設が利用されもしく
　は役務が提供されたときにおいても、消費者に対
　し、提供済みの役務の対価、その他の金銭また
　は当該権利の行使により得られた利益に相当する
　金銭の支払いを請求することができない。売買契
　約で商品の引渡しがなされている場合でも使用利

益の請求はできない。（5項）
④事業者は、役務提供契約につきクーリング・オフ
　があった場合、当該契約に関連して金銭を受領
　しているときは、消費者に対し、速やかに、これを
　返還しなければならない。（6項）
⑤消費者は、その契約につきクーリング・オフを行っ
　た場合、事業者によって消費者の土地または建
　物、その他の工作物の現状が変更されたときは、
　当該事業者に対し、その原状回復に必要な措置
　を無償で講ずることを請求することができる。（7項）
　近年では、書面の交付がなかったり記載事項に
不備がある場合などで、契約から数カ月以上も経過
しているケースでもクーリング・オフが認められること
が通常となっている。そのため、契約に基づき商品
などの引渡しがなされた後、かなりの月日が経過して
からクーリング・オフが行われるケースがある。こう
したケースでは、事業者から、引渡し済みの商品の使
用利益を返還するよう請求してくるケースも見受けられ
る。しかし、特商法は、商品の使用利益だけでなく、
権利の行使によって得られた利益も請求することはで
きないとしている。役務の提供の場合には、事業者
は提供済みの役務があったとしても一切対価や損害
賠償等の請求ができないこと、および工作物の現状
に変更を加える役務の場合には無償で原状に回復
するよう請求する権利が消費者にあることを明文化し
ており、徹底した消費者保護のための清算方法が
条文化されている点は重要である。

4. 取消制度

（1）消契法の取消制度との違い

　特商法では、通信販売および訪問購入を除く5類
型の取引（訪問販売、電話勧誘販売、連鎖販売
取引、特定継続的役務提供、業務提供誘引販売

取引）について、取消制度を定めている。

　取消制度は、2000年に消契法において情報格差のある消費者契約における制度として最初に導入され、その後2004年に特商法にも導入されたものである。ここでは、消契法の取消制度と特商法の取消制度とを比較しながら、取り上げる。

　第1に、消契法の取消制度との最も大きな違いは適用対象である。消契法は、労働契約を除くすべての消費者契約（消費者と事業者との契約）に適用がある。一方、特商法の場合には、訪問販売については訪問販売の取消制度が、電話勧誘販売の場合には電話勧誘販売の取消制度が、といった具合に、適用対象取引が限定的に定義され、取引類型ごとに、その特殊性に着目した取消制度が定められている。一言でいえば、消契法はすべての消費者契約に開かれた間口が広い民事ルールであり、特商法は、適用対象の取引類型が限定された間口の狭い制度であるといえる。

　第2に、消契法が民事ルールのみであるのに対して、特商法では、行政規制もある点に違いがある。特商法では、当初は消費者に誤認を与える契約勧誘行為「誤認類型」と消費者の契約の自主的選択を阻害する「威迫困惑行為」とを禁止し、事業者に対して行政指示・業務停止、刑事罰の対象と定めていた。その後、2004年改正で「誤認類型」について民事ルールである取消制度が導入された。

　第3に、取消事由が異なる。消契法では、誤認類型として「重要事項の不実告知」（消契法4条1項1号）「断定的判断の提供」（同法4条1項2号）「不利益事実の故意または重過失による不告知」（同法4条2項）の3種類がある。また、困惑類型として「不退去」（同法4条3項1号）「退去妨害」（同法4条3項2号）などの8類型（同法4条3項1号〜8号）、過量販売（同法4条4項）を取消事由と定

表5　契約の勧誘の際の困惑行為に関する比較表

	消費者契約法	特定商取引法
適用対象	すべての消費者契約（労働契約のみ除外）	訪問販売、電話勧誘販売、連鎖販売取引、特定継続的役務提供、業務提供誘引販売取引、訪問購入
ルール	帰るように言われても居座って勧誘を続けて困惑させて契約させる＝不退去	契約をさせるため、または申込みの撤回や契約を解除させないために消費者を威迫して困惑させること
	帰ると言われても帰らせないで勧誘を続けて困惑させて契約させる＝退去妨害	
	社会生活上の経験不足を不当に利用し、願望の実現について不安をあおり、困惑させて契約させる＝願望の実現への不安をあおる告知	
	社会生活上の経験不足を不当に利用し、好意の感情につけ込んで困惑させて契約させる＝好意の感情の不当な利用	
	加齢等に伴う判断力低下を不当に利用し、不安をあおり困惑させて契約させる＝判断力の低下の不当な利用	
	霊感等によりそのままでは重大な不利益が生じると告げて不安をあおり困惑させて契約させる＝霊感等による知見を用いた告知	
	契約締結前に債務の内容を実施して原状回復を著しく困難にして困惑させて契約させる＝契約締結前の債務内容の実施	
	契約締結前に事業活動を実施して損失の補償を請求すると告げて困惑させて契約させる＝契約締結前の実施行為の損失補償請求	
法的効果	契約の取消し（民事効果）	行政処分、刑事罰（3年以下の懲役または300万円以下の罰金）

めている。

　一方、特商法では、誤認類型について「重要事項の不実告知」（法6条1項）「重要事項の故意による不告知」（法6条2項）を取消事由と定めている。禁止行為である威迫困惑行為には取消制度はなく、過量販売は取消しではなく解除の対象である。このため、困惑類型に関しては、消契法の取消制度を活用することになる。なお、消契法の取消事由である困惑類型のほうが、特商法の禁止行為である「威迫困惑行為」よりも緩やかで広い概念となっている（**表5**）。

　さらに、「重要事項」についても、消契法と特商法では定め方が異なる。特商法の重要事項の定めのほうが、消契法4条5項の定めよりも具体的であり、かつ広い。

　取消期間、取消方法、取消しの効果については、消契法と特商法とでは制度上の違いはなく、同様の取扱いとなっている。

（2）取消事由

　取消制度に関しては、法9条の3において、「クーリング・オフ期間経過後の契約の取消制度」と位置づけられている。その趣旨は、クーリング・オフ制度は、訪問販売の申込書面または契約書面を受領した日から一定期間内であれば、無条件で撤回もしくは解除できるので、取消制度のように取消事由の存在が必要ではないこと、また、解除後の清算方法について消費者保護の立場に立って徹底したルールが詳細に定められていること、などの点で消費者保護に優れているからである。したがって、クーリング・オフができるケースであれば、まず優先的にクーリング・オフによる解決を図るべきであると考えられる。

　そして、さらにクーリング・オフ期間経過後であっても、契約の締結の勧誘をするに際して、事業者が行った

説明に問題があった場合には、一定期間、取消しができる制度を定めているわけである。

　クーリング・オフ制度は、不意打ち的な取引について、消費者に一定の熟慮期間を確保する制度である。一方、取消制度は、事業者が消費者に対する情報提供義務・説明義務に違反した結果、消費者の契約の選択を誤らせた場合に、消費者がその契約を不必要であると考えたのであれば一定期間は取り消すことができるとした制度である。それぞれの制度趣旨が異なる点に注意する必要がある。

　法9条の3第1項では「申込者等は、販売業者又は役務提供事業者が訪問販売に係る売買契約又は役務提供契約の締結について勧誘をするに際し次の各号に掲げる行為をしたことにより、当該各号に定める誤認をし、それによつて当該売買契約若しくは当該役務提供契約の申込み又はその承諾の意思表示をしたときは、これを取り消すことができる。」と定め、取消しができる場合として、「第6条第1項の規定に違反して不実のことを告げる行為　当該告げられた内容が事実であるとの誤認」（1号）と「第6条第2項の規定に違反して故意に事実を告げない行為　当該事実が存在しないとの誤認」（2号）との2つを定める。

　契約の締結について勧誘をするに際し行われたことであること、事業者の行為によって消費者が誤認したこと、誤認によって消費者が契約したことが必要である。

　取消事由となる具体的な行為類型は、法6条1項、2項の事業者に対する禁止行為を定めた規定によるものとされ、これらの禁止行為に該当する行為によって消費者が誤認に陥った場合であるとされている（**表6**）。

表6　訪問販売　取消事由（法9条の3）

	重要事項	不実告知 （法6条1項）	故意の事実不告知 （法6条2項）
法6条1項1号 省令6条の2	商品の種類及びその性能若しくは品質又は権利若しくは役務の種類及びこれらの内容、商品の効能、商品の商標又は製造者名、商品の販売数量、商品の必要数量、役務又は権利に係る役務の効果	○	○
法6条1項2号	商品若しくは権利の販売価格又は役務の対価	○	○
法6条1項3号	商品若しくは権利の代金又は役務の対価の支払の時期及び方法	○	○
法6条1項4号	商品の引渡時期若しくは権利の移転時期又は役務の提供時期	○	○
法6条1項5号	当該売買契約若しくは当該役務提供契約の申込みの撤回又は当該売買契約若しくは当該役務提供契約の解除に関する事項（クーリング・オフに関する事項（クーリング・オフの適用除外がある場合はその旨も含む）を含む）	○	○
法6条1項6号	顧客が当該売買契約又は当該役務提供契約の締結を必要とする事情に関する事項	○	×
法6条1項7号	前各号に掲げるもののほか、当該売買契約又は当該役務提供契約に関する事項であつて、顧客又は購入者若しくは役務の提供を受ける者の判断に影響を及ぼすこととなる重要なもの	○	×

（3）不実告知

　法6条1項では、「販売業者又は役務提供事業者は、訪問販売に係る売買契約若しくは役務提供契約の締結について勧誘をするに際し、又は訪問販売に係る売買契約若しくは役務提供契約の申込みの撤回若しくは解除を妨げるため、次の事項につき、不実のことを告げる行為をしてはならない。」として、重要事項として1号から7号まで、「訪問販売における取消事由」の7つの事項を定めている（表6）。

　6号および7号が、消契法よりも広く定められている事項である。

（4）不告知

　特商法では、重要事項について故意に説明をしなかった場合も、取消しの対象となる。

　この「故意」とは、事業者が「その事実が消費者の不利益になることを知っており」かつ「消費者がその事実を認識していないことを知っている」こと

をいう。

　不実告知の場合には、事業者に故意があったことは必要とはされていないが、不告知の場合には、「故意に事実を告げない行為をしてはならない」と定められている。これは、「知らないことを説明しなかったとしても、違法とはいえない」とする考え方によるものであろう。なお、不告知の場合には、重要事項は「1号から5号までに掲げる事項」とされ、重要事項の6号および7号の消費者の契約締結にかかる動機形成に関する事項は含まれない。

　消契法では、「……消費者の不利益となる事実……を故意又は重大な過失によって告げなかったことによる誤認」（消契法4条2項）が取消事由とされる。不告知の対象が「消費者の不利益となる事実」に限られているうえ、さらに、先行要件として「当該消費者に対してある重要事項又は当該重要事項に関連する事項について当該消費者の利益となる旨を告げ」ていることも必要とし、さらに限定して適用要件を厳しく

している。この複雑な定義は、消費者の立場に立った場合には合理性があるとはいえず、適用される場面が極めて狭く限定されている。その結果、実務においても使い勝手が悪くなっており、改正すべきであるとする意見が強かったため、2018年の改正の際に、事業者の重大な過失による不告知も取消しの対象となった。

　一方、特商法では、事業者には「勧誘の時点で消費者に対して正確な説明をなすべき義務がある」ととらえて、重要事項について説明しなかった場合には説明義務違反となり、消費者に対して法的責任を負担すべきであるとする立場を採るものであって、合理的な制度であると評価できる。

（5）取消方法と効果

　クーリング・オフと異なり、取消方法については特商法には特別な定めはない。したがって、民法の一般規定によることとなる。消費者は、事業者に対して「その契約を取り消す」旨の通知（意思表示）をする必要があり、その通知が相手方に到達した時点で取消しの効果が生ずる（到達主義）。よって、相手への到達は、取消期間内であることが必要である。

　取り消すことができる法律行為とは、有効に法律行為は成立するが、取消事由がある場合には、取消権者が相手方に対して取消しの意思表示（通知）をすることによって、最初にさかのぼって無効とすることができる制度である。取消権者による取消権の行使、つまり相手方に対する取消しの通知をしなければ、法律行為は有効なままとなる。

　理論的には、取消しの通知方法は電話でも、対面でも、文書でもよい。ただし、実務的には、取消しの通知が取消期間内に相手方に到達したことは消費者に証明責任があるため、通知の内容と到達日が客観的に明確である手段による必要がある。具体的には、配達証明付き内容証明郵便で送付する

方法が証拠の保全の観点から最も安全である。相談業務では、内容証明郵便まではハードルが高いとしても、通知文書のコピーを保存し、簡易書留で通知するよう助言する必要があるであろう。

　取消通知の到達により、契約は最初にさかのぼって無効となる。

　清算方法は、2017年の改正民法（以下、改正民法という）の施行に伴い、消契法と特商法ではともに、消費者が「現に利益を受ける限度で返還する義務を負う」ことが明確化された（法9条の3第5項、消契法6条の2）。事業者は消費者から受領した金銭を返還し、消費者は事業者から受け取った商品を返還する義務を負う。

　ただし、取消しをもって善意でかつ過失がない第三者に対抗することはできない。善意かつ無過失の第三者とは、本件消費者契約後に、消費者が購入した商品を消費者から契約によって取得した者や担保として取得した者などが考えられる。

　この取消制度は、契約の申込みまたはその承諾の意思表示に対する民法の規定の適用を妨げるものと解してはならないとされているので、詐欺や強迫による取消制度なども法律上の要件を満たしている場合であれば併せて適用可能である。

（6）取消期間

　取消権は、追認をすることができるときから1年間行わないときは、時効によって消滅する。追認できるときとは、取消しの原因となっていた状況が消滅し、かつ消費者が取消権を有することを知ったときである（改正民法124条1項）。取消しの原因となっていた状況が消滅したときとは、誤認の場合には、消費者が正しい事実を知ったとき、つまり自分が信じた事業者の説明が事実とは異なり、事実はこういうことであるとはっきりと知ったときである。

ただし、契約の締結から5年を経過したときには、時効によって消滅する。したがって、契約締結後、事業者の説明を信じ込んだまま5年を経過すれば、契約を取り消すことができなくなる。

5. 過量販売規制

（1）被害の実態と規制の経緯

2005年5月に悪質住宅リフォームの次々販売被害が大きく新聞で報道されたことがきっかけとなって、高齢者をねらう訪問販売による次々販売被害が全国的に深刻化していることが明らかとなった。次々販売とは、住宅リフォームに限らず布団・呉服・健康食品など同種の商品やサービスを同一の消費者に次々と大量に販売して高齢者等の財産を収奪したり、多額のクレジット債務を負担させたりする被害である。次々販売は執拗な自宅訪問販売、展示会商法などの訪問販売で発生しており、現金払いの契約をさせることが難しいケースでは個別信用購入あっせん（以下、個別クレジット契約という）が利用されていることも明らかとなった。

こうした深刻な被害実態が社会問題となったことから2008年の特商法・割賦販売法（以下、割販法という）改正で導入された制度である。

（2）過量販売規制の概要

「過量販売規制」は、次々販売などの過量販売被害を防止することを目的とした行政規制と、被害の救済を容易にすることを目的とした過量販売解除制度という民事ルールの2種類で構成されている。なお、過量販売規制は訪問販売による次々販売被害に対処するものとして検討された経緯があることから、訪問販売によるもののみを対象としていたが、2016年改正により電話勧誘販売にも導入された。

被害を防止する観点から、訪問販売や電話勧誘販売による過量販売契約を禁止し、違反した場合には行政処分の対象となる。ただし、過量販売の勧誘・契約の締結などを行ったとしても直ちに刑事罰の対象とするものとの規定は置いていない。

被害救済の制度（民事ルール）としては、過量販売契約については申込みの撤回もしくは解除をすることができるというもので、クーリング・オフ制度に類似した制度となっている。申込みの撤回もしくは解除をすることができる期間は契約締結時から1年間である。解除した場合の清算方法はクーリング・オフの場合の清算ルールを準用する（法9条の2）。

（3）過量販売とは

過量販売とは、その消費者の日常生活において同種の商品・役務などについて通常必要とされる分量などを著しく超える商品などの販売や役務の提供をいう。対象となるのは同種の商品・役務（サービス）および特定権利のうちの法2条4項1号の権利に関する過量販売である。したがって、商品やサービスの種類によって、また、問題となっている消費者の家族構成やライフスタイルなどによって過量販売の判断基準は異なってくることとなる。そこで、過量販売であるかどうかを判断するためには、商品等の種類や特性、消費者の家族構成やライフスタイル、経済状況などを把握する必要が出てくることになる。

特商法の過量販売の定義では、販売した商品・役務などの分量などだけが問題となり、消契法の過量販売のような事業者の主観的要件は原則として必要とされていない。

過量販売の基準については消費者庁ではガイドラインなどは定めていないので、相談現場で消費者の日常生活の実態を踏まえた判断を積み重ねる実務上の努力が重要となる。なお、公益社団法人日本訪

問販売協会では、「通常、過量には当たらないと考えられる分量の目安について」ガイドライン*1を設けているので、判断の際の参考となる。

特商法では過量販売について3種類の類型を定めている。

第1のパターンが、1回の契約でその消費者の日常生活において通常必要とされる分量などを著しく超える商品・役務などを販売するものである（法7条1項4号）。1回の契約で数年分の健康食品などを購入させる契約、数年分の学習教材を購入させる契約などがこれに当たる。

第2のパターンが、同種の商品・役務などに関する次々販売である。この場合には、当初から現在に至るすべての契約ではなく、「この契約をすることによって消費者がもともと保有しているものやそれまでの契約の累積から見て、その消費者の日常生活において通常必要とされる分量などを著しく超えることとなる＝これ以後は過量販売になる」場合の、その契約である（法7条1項4号、省令6条の3第1号）。この場合には、事業者が過量販売になることを知りながら契約させることが必要である。

第3のパターンが、同種の商品・役務などに関する次々販売で、既にその消費者の日常生活において通常必要とされる分量などを著しく超える＝過量販売の状態となっているのにさらに契約させた場合の、その契約である。この場合には、以後の契約はすべて過量販売に該当する可能性があることになる。ただし、事業者が過量販売になることを知りながら契約させることが必要とされる（法7条1項4号、省令6条の3第2号）。

ここでいう「過量販売になることを知りながら」とは、「過量販売になる」ことを主観的に認識していたことをいうのではなく、その消費者が既に保有している

分量や契約した数量を知っていることを意味する。

第2および第3のパターンでは、同一事業者が繰り返し次々販売を行う場合と複数の事業者が入れ代わり立ち代わり次々販売を行う場合がある。同一事業者の場合には、消費者との間の取引内容を事業者として把握していることが通常である。よって、過量販売の要件を満たすことを知っていることが通常であろうから、一般的に過量販売に該当すると考えられる。複数事業者による次々販売の場合であっても、過量販売契約を締結させた事業者が「過量販売であることを知りながら」契約させた場合には過量販売に該当する。「事業者が過量販売であることを知りながら契約させた」ことについては、契約の解除を主張する消費者側に証明責任がある。自宅訪問販売などでは、消費者の自宅で大量の布団があるのを確認しながら、さらに契約させている場合などは事業者は消費者の保有する量を知っているのであるから、過量販売に該当すると考えられる。勧誘の場所、勧誘のときのやり取りの内容などを細かく聴き取り、把握することが活用上のポイントとなる。

例外として、消費者が通常の日常生活において必要とされる分量などを著しく超える契約を締結するだけの特別な事情がある場合には過量販売には該当しない。例えば、お葬式の引出物にするために同種の商品を大量に購入する場合などが典型例であるとされるが、特別な事情の存在は事業者が立証する必要がある。

（4）解除権の行使

過量販売に該当する契約は、契約締結から1年間は申込みの撤回もしくは契約の解除をすることができる（法9条の2）。解除できる期間を1年間としたのは、四季を一めぐりするので一人暮らしの高齢者で

*1　http://jdsa.or.jp/wp-content/uploads/2015/03/quantity-guideline.pdf

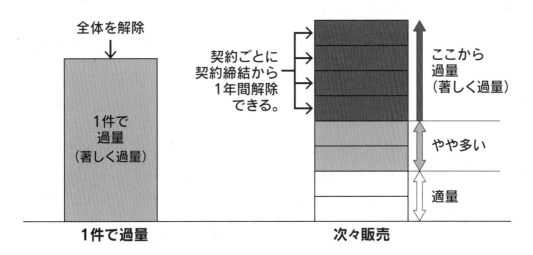

図2　過量販売の解除（イメージ図）

あってもお正月、お彼岸、ゴールデンウイーク、夏休み、お盆、年末などのいずれかには家族が訪ねて来る可能性が高いことから、被害を発見することが可能であるためと説明されている。高齢者被害では、本人が被害に気づいて自ら消費生活センター等に相談したり、解除の手続きを取ったりすることは期待しにくい実情がある。過量販売解除制度は、こうした高齢者被害の実情にも一定の配慮をした制度設計がされているわけである。

　解除期間の計算方法は民法の原則（初日不算入）による。したがって、契約締結日の翌日から計算する。

　過量販売解除はクーリング・オフ制度によく似た制度設計であるが、解除通知のやり方は、クーリング・オフとは異なる配慮が必要である。解除の方法については特商法には特別な定めを置いていないので、民法の原則によることになる。民法では、意思表示には原則として特別な方法を定めていないので、口頭で伝える方法でも理屈のうえでは構わないことになる。

　しかし、現実的には「言った」「聞いてない」と

いうトラブルを避ける必要があるので、文書によるべきである。また、解除通知は民法の規定により、相手方の事業者に届いたときに効果が生ずる（到達主義）。このため、「いつ事業者に解除通知が届いたか」が重要となる。したがって、配達証明付き内容証明郵便を用いるのが証拠の確保という意味では万全である。

　解除できるのは、「契約単位」である。1件の契約が過量販売に当たる場合には、その契約全体を解除できる。次々販売のケースでは、「この契約をすれば過量販売になる」その契約以後の契約を解除できることになる。解除期間も個別の契約ごとに計算する（図2）。

（5）解除期間と清算方法

　クーリング・オフの場合の清算方法を準用している。ただし、過量販売解除の場合には、クーリング・オフについての除外規定の適用はない。消耗品の場合の適用除外の規定もない。

（6）個別クレジット契約の場合

　過量販売契約は1件だけでも高額な取引が多く、次々販売被害の場合には現金で支払うことができなくなった以後も次々と契約させる実態があり、そのようなケースでは個別クレジット契約が抱き合わせとなっていることが多かった。

　そこで、特商法の改正と合わせて割販法も改正し、個別クレジット契約にも過量販売にかかる解除制度を導入した。売買契約などが特商法の過量販売に該当する場合には、個別クレジット契約も契約締結から1年間は解除することができるとする制度を導入したのである。解除する場合には、販売業者に対する解除通知とクレジット会社に対する解除通知とを同時に送付することが必要である。この点が、通常のクーリング・オフの場合とは違うので注意が必要である。双方の契約を解除した場合には、販売業者に支払った金銭は販売業者が、クレジット会社に支払った金銭はクレジット会社が、速やかに消費者に対して返還する義務を負う（後述「**第11章　個別クレジット契約を利用しているとき**」参照）。

（7）多種類の商品などの次々販売事例の処理

　過量販売は同種の商品・サービスであることが必要であるので、多くの種類の商品やサービスを次々と販売するパターンの次々販売の場合には過量販売規制の対象とはならない。

　例えば、社会問題となっている次々販売の中には、1人のセールスマンが年金暮らしの高齢者に対して親切を装って頻繁に自宅を訪問し、次々と住宅リフォーム、浄水器、布団、絵画など高額契約を締結させ、個別クレジット契約による多重債務の状態に追い込むケースがあった。このようなケースでは、特商法による過量販売規制は及ばない。そこで、割販法による個別クレジット契約に関する過剰与信規制を活用してクレジット会社と交渉することが考えられる。また、販売業者に対しては特商法の訪問販売に関するさまざまな規制に対する違反を指摘して契約の解消を求めていく必要がある。

誌上法学講座
—特定商取引法を学ぶ—

第3章　通信販売

1. 通信販売とは

（1）はじめに

　消費者が郵便やメールなどの通信手段で申込みをする「通信販売」は、カタログショッピングのほか、テレビショッピング、ラジオショッピング、パソコンやスマートフォン（以下、スマホという）を利用して行うネットショッピング（インターネットを利用して行う通信販売）など、さまざまなものが利用されている。

　近年では、スマホの普及によりネットショッピング（いわゆるネット通販）の利用が増加しているが、それに伴ってトラブルも増加している。

（2）定義
①取引方法

　特商法では、「販売業者又は役務提供事業者が郵便等により売買契約又は役務提供契約の申込みを受けて行う商品若しくは特定権利の販売又は役務の提供（であって電話勧誘販売に該当しないもの）」と定義している（法2条2項）。

　「郵便等により」とは、事業者と直接対面することなく、通信手段だけを用いて申込みを行うものを意味している。

　具体的な申込みの方法としては、①郵便または信書便　②電話機、ファクシミリ装置その他の通信機器または情報処理の用に供する機器を利用する方法　③電報　④預金または貯金の口座に対する払込み、のいずれかであれば該当する（省令2条）。

　通信手段を用いて申込みを行う場合であっても、事業者からの電話勧誘行為によって行われ、消費者にとって不意打ち的な取引は「電話勧誘販売」として規制されており（法2条3項）、通信販売とは区別される。

　通信販売は、消費者が自発的に通信手段で申込みをする不意打ち性のない取引である。具体的には、消費者が事業者の広告を見て通信手段で申込みをする取引ということになる。通信販売の広告として一般的なものは、パソコン、スマホ、タブレット端末等を媒体とするインターネット上の（インターネット・オークションサイトを含む）広告であるが、それ以外にも、カタログ、新聞広告、雑誌広告、投げ込みチラシ、ダイレクトメールなどの紙ベースの広告、ラジオショッピングの音声による広告、テレビショッピングや勧誘メールなどの電子画面による広告などさまざまなものがある。媒体による違いがあっても、消費者から通信手段で注文を受けるための広告表示は、すべて特商法の通信販売広告としての規制対象となる。

②取引内容

　商品の販売と有償での役務の提供については、原則として限定はなく、すべて規制対象となる。ただし、法26条1項の適用除外に該当する場合には適用されないので、注意が必要である。例えば、インターネット通信販売で契約されるパック旅行などは適用除外とされ、旅行業法による規制を受けるし、ネットでの証券会社との株の売買は金融商品取引法による規制を受けるため、特商法の適用はない。適用除外とされるのは、他の業法で取引の適正化に関する規制がなされているものであり、訪問販売の場合と同じ適用除外制度を採っている（法26条1項8号、政令5条別表第二）（**参考資料91〜92ページ**）。

権利の販売の場合には、特定権利の販売の場合のみ、規制対象とされている（適用除外もあるので注意）。特定権利については訪問販売と同様である。

2. 規制の概要

通信販売は、消費者が広告を見て自分から通信手段で申込みをするものであり、消費者が取引を選択する場合には、事業者の広告が唯一の情報源となる。そのため、広告による情報が事実と異なっていたり、不十分だったりすると、消費者の契約の選択が適切に行われない危険がある。

一方、消費者は、広告をじっくりと検討したうえで契約を選択することができることから、訪問販売や電話勧誘販売のような不意打ち性はないと考えられてきた。そのため、通信販売の規制は広告の適正化に主眼が置かれており、不意打ち性に着目した契約書面などの交付義務やクーリング・オフ制度は設けられていない。

テレビの多チャンネル化が進むなかで多様化しているテレビショッピングのなかには、在庫数を限定し注文期間を短くして、「続々と注文が殺到しています。在庫はあと○点。注文はお急ぎください」などとあおり立てるタイプのものもあり、テレビショッピングをカタログショッピングなどの通信販売と同様に扱うだけで十分なのかという問題点はあるものの、現行法ではテレビショッピングにも一律通信販売としての規制が及ぶのみとなっている。

しかし、スマホの普及に伴い、スマホの小さな画面での特殊な表示方法（アコーディオンパネル［クリックで下方に開閉する表示］や、画面のスキップ機能、バナーやリンク先のURLのみの表示など）、動画を活用した表示などの特殊性が際立つようになり、消費者が取引の内容や条件を正確に理解しにくい広告が増えた結果、トラブルも急激に増加している。現在、

SNSでのターゲティング広告やいわゆる定期購入をめぐる問題が社会問題化しており、現行の規制では消費者被害の防止対策には不十分であることが指摘されている。

広告については、まず広告に表示すべき事項が定められている（法11条）。次いで、誇大広告・虚偽の広告は禁止されている。具体的には、法律で定められている広告に表示すべき事項などについて、「著しく事実に相違する表示」や「実際のものより著しく優良であり、若しくは有利であると人を誤認させるような表示」は禁止されている（法12条）。

通信販売には、原則として書面の交付義務はないが、前払式通信販売については消費者からの代金の支払いがあった場合で、遅滞なく商品等の引渡しをしない場合には、事業者は法定の記載事項を記載した書面や電子メール等（消費者の承諾が必要）を消費者に交付すべき義務がある（法13条）。さらに、消費者からの申込みを適切に受けるために、消費者が勘違いをして申込みをしてしまうような行為を禁止している（法14条1項2号、省令16条1項）。さらに、電子メール広告とファクシミリ広告の送り付けは原則として禁止されている（法12条の3、12条の4、12条の5）。

以上の行政規制に違反した場合には、業務改善指示（法14条）、業務停止命令（法15条）、業務禁止命令（法15条の2）などの行政処分の対象となるほか、罰則の定めもある（法70条2号、71条2号、72条1項1号）（**参考資料95、97ページ**）。

3. 行政規制

（1）広告表示・誇大広告の禁止

通信販売では、消費者の契約の選択に当たっては広告が唯一の情報源である。そこで、広告の記

表7　通信販売　広告表示事項（法11条）

項目	条項
販売価格（役務の対価）（送料についても表示が必要）	法11条1号 省令9条1号
代金（対価）の支払時期、方法	法11条2号
商品の引渡時期（権利の移転時期、役務の提供時期）	法11条3号 省令9条2号
商品（特定権利）の売買契約の申込みの撤回又は解除に関する事項（返品の特約がある場合はその旨含む。） ＝この規定はいわゆる『返品制度』についての表示義務を定めたもの	法11条4号 省令9条3号
事業者の氏名（名称）、住所、電話番号	省令8条1号
事業者が法人で、電子情報処理組織を使用する方法により広告をする場合には、当該販売業者等の代表者又は通信販売に関する業務の責任者の氏名	省令8条2号
申込みの有効期限があるときには、その期限	省令8条3号
販売価格、送料等以外に購入者等が負担すべき金銭があるときには、その内容及びその額	省令8条4号
引き渡された商品が種類又は品質に関して契約の内容に適合しない場合、販売業者の責任についての定めがあるときは、その内容	省令8条5号
いわゆるソフトウェアに関する取引である場合には、そのソフトウェアの動作環境	省令8条6号
商品の売買契約を2回以上継続して締結する必要があるときは、その旨及び金額、契約期間その他の販売条件	省令8条7号
商品の販売数量の制限等、特別な販売条件（役務提供条件）があるときには、その内容	省令8条8号
広告表示を一部省略した場合で、請求により消費者に送付する補足書面等が有料であるときには、その金額	省令8条9号
相手方の請求に基づいて電子メール広告を送る場合には、事業者の電子メールアドレス	省令8条10号

載を明確かつ十分なものとするために、表示すべき事項を表7のように定めている（法11条）。さらに、記載事項は省令で極めて具体的かつ詳細に定められているので、留意する必要がある（省令8条、9条）。また、これらの記載事項は消費者にとって正確な内容を読み取ることができるように分かりやすく表示されていることが必要であり、誇大な広告や虚偽の広告は禁止されている。

なお、1回だけの契約のつもりだったのに、一定期間にわたる購入契約だったという、「商品の売買契約を2回以上継続して締結する必要がある契約だった」という、いわゆる「定期購入トラブル」が多発

したことから、定期購入の場合には、広告表示事項として契約期間（引渡しの回数）や金額（各回ごとの代金、送料および支払総額など）を表示することが義務づけられている（省令8条7号）（表7）。

ただし、これらの広告表示が小さなスマホの画面上で消費者が容易に認識できるような配慮のもとに表示されているかというと、むしろ定期購入であることが分かる表示部分を、消費者には認識しにくいように表示してあるケースが少なくないため、表示事項として義務づけられた以降も被害は増加の一途をたどっており、2020年夏の段階では根本的な規制のありようが消費者庁で審議されている[2]。

＊2　2020年8月19日に報告書（特定商取引法及び預託法の制度の在り方に関する検討委員会報告書）が取りまとめられた。

（2）電子メール広告およびファクシミリ広告の送信に関するオプトイン規制

電子メール広告とファクシミリ広告については、承諾をしていない者に対して送信する行為は原則として禁止されている（いわゆるオプトイン規制）（法12条の3、12条の4、12条の5）。

（3）前払式通信販売の承諾等の通知

消費者が商品の引渡し（特定権利の移転、役務の提供）を受ける前に、代金（対価）の全部あるいは一部を支払う前払式通信販売の場合には、事業者は、代金を受け取り、その後商品の引渡しに時間がかかるときは、その申込みの諾否など**表8**の事項を記載した書面（消費者の事前の承諾により電子メール等でも可）で通知しなければならない（法13条）。これは、代金を前払いした消費者が不安定な地位に置かれることを防止するための制度である。なお、相当な期間が経過しても事業者からの通知が

表8　前払式通信販売の承諾等の通知事項（法13条）

申込みの承諾の有無（承諾しないときには、受け取ったお金をすぐに返すことと、その方法を明らかにしなければならない）	省令12条1号 省令13条1項1号
代金（対価）を受け取る前に申込みの承諾の有無を通知しているときには、その旨	省令12条1号
事業者の氏名（名称）、住所、電話番号	省令12条2号
受領した金銭の額（それ以前にも金銭を受け取っているときには、その合計額）	省令12条3号
当該金銭を受け取った年月日	省令12条4号
申込みを受けた商品名とその数量（権利、役務の種類）	省令12条5号
承諾するときには、商品の引渡時期（権利の移転時期、役務の提供時期、継続的な役務については期間又は期限を明らかにする必要がある）	省令12条6号 省令13条1項2号

＊書面の字の大きさは8ポイント（官報の字の大きさ）以上でなければならない。

なく商品も届かない場合、消費者は民法に則って申込みを取り消し、代金の返還を請求することができる。

（4）顧客の意に反して契約の申込みをさせようとする行為の禁止

紳士録商法や公営住宅申込代行などで、返信用はがきを送付して申込みをさせるようなケースで無料の公的サービスと誤認させてはがきを返送させる手口によるトラブルが多発していた。そこで、返信用はがきには、有料の申込みになる旨を明記する必要があるとする規制を設けた（法14条1項2号、省令16条1項3号）。ネット通販の規制については後述「5. ネット通販」参照。

4. 返品制度

通信販売では、返品制度は広告に表示すべき事項と定められているにとどまる。返品制度を設けるか、返品は認めないか、返品期間や返品に関する費用負担をどのような取扱いにするのか、などは事業者の任意に委ねられている。

このような取扱いとなっているのは、通信販売には訪問販売のような不意打ち性はなく、消費者は広告をじっくりと読んだうえで自主的に選択することができる取引形態であることから、広告に必要事項を記載しておきさえすれば消費者の選択が損なわれることはないためであると説明されている。つまり、契約に当たり現物を確認できない通信販売ではどのような商品が届くのか不安があるものの、現物が納得できない場合には返品できなければ困ると考える消費者は、広告で返品制度を設けている事業者を選択して契約すれば足りるとする考え方を採っているのである。

ただ、広告に返品制度について記載していない事業者がネット通販を中心に増加傾向にあることが

問題となっていた。しかも、消費者が返品しようとすると事業者がこれを拒絶するトラブルが増加していたのである。

かつての経済産業省の解釈通達では、広告に返品についての表示がされていない場合には事業者は返品に応ずるのが望ましいとの説明がなされている。しかし、事業者の中には「通達には法的拘束力はない」と主張して返品に応じようとしないケースが少なくなかった。事業者に対して返品に関する表示がないことを理由に行政処分をしても、返品できないことによる消費者の被害を解決することは難しい実情にあった。

そこで、2008年改正において、通信販売の広告に「返品制度」についての記載がない場合には、商品が消費者のもとに届いた日から起算して8日間の返品制度を導入した。この場合の返品費用は消費者の負担である（法15条の3）。

なお条文では、「申込みの撤回又は契約の解除」と表記され、①業者の返品特約があれば、広告に表示されていることを条件にその返品特約が優先されること　②期間計算の方法　③返品費用の負担について定められている。なお、クーリング・オフとは異なる制度であることに留意する必要がある。

5. ネット通販

（1）はじめに

パソコンやスマホの普及に伴い、インターネットを利用した通信販売（ネット通販）が広く普及している。ネット通販は、事業を始めるに当たってのコスト負担が少なくても済むことから、ごく小規模の事業者が参入しやすいという特徴がある。そのため、事業者の入れ替わりも激しいといわれている。

消費者にとっても、いつも手元にあるスマホの簡単な操作で手間ひまかからずに欲しいものを購入するこ

とができるネット通販は大変便利である。

しかし、あまりにも手軽であるための問題や無防備な利用による被害も少なくない。

（2）ネット通販の規制範囲

ネット通販は、広告がパソコンやスマホの電子画面上に表示されるものであり、かつ広告が表示されている電子画面を見ながら注文操作をすれば、電子メールの送信などにより契約の申込みをすることができるものである。ネット通販に独立した規制が別途設けられているわけではなく、特商法の通信販売の規制が適用される。

したがって、原則としてすべての商品・役務、特定権利にかかる取引が適用対象である。なお、適用除外とされる商品・役務があるが、これらは訪問販売と同様のものであり、他の業法で規制されている取引を適用除外と定めている（法26条1項8号、政令5条別表第二）。

ネット通販の適用除外としては、プロバイダー契約、旅行や乗車券の購入などが典型的なものである。前者は、総務省所管の電気通信事業法により規制されていることから、特商法では適用除外とされている。後者の旅行については観光庁所管の旅行業法の規制対象であり、乗車券については航空機（航空法）、自動車（道路運送法など）、鉄道（軌道法、鉄道事業法など）、船（海上運送法など）に関してそれぞれ業法による規制があることから除外されている。ネットによる証券会社との株の取引などは、金融商品取引法の規制対象であり、特商法の適用はない（**参考資料91～92ページ**）。パソコンやスマホによるゲーム、出会い系サイト、アダルトサイト、ギャンブル系の必勝法や投資ノウハウなどのいわゆる「情報商材」、歌・メロディ・映像などのデータの有償での提供などは特商法の対象になる。

（3）広告表示・誇大広告の禁止

広告に表示すべき事項の義務づけ（法11条）、誇大広告などの禁止（法12条）は、通常の通信販売と同様の規制がされている。

ネット通販では、電子画面の操作だけで契約の申込みができるシステムとなっているため、消費者被害の中には、通信販売事業者のメールアドレスしか分からないと訴えてくる場合がある。事業者は表示しているが、消費者が確認していないに過ぎないという場合もないわけではないが、事業者が自ら事業者を特定するための住所・法律上の正式な氏名（名称）・電話番号・責任者などを表示していない場合もある。例えば、問題のある事業者の中には、メールアドレスやネット上の屋号の表示しかなく、メールを送信する以外に連絡の取りようがないうえ、契約相手を特定することも困難なケースがある。このようなケースでは、契約相手が不明であるため連絡を取ることも困難なうえに、契約相手を特定することができないことから、被害にあった消費者からすると、現実には法的責任を求めることもできない危険がある。

しかし、ネット通販であっても通信販売としての広告表示は遵守する義務がある（表7）。具体的には、事業者の氏名（名称）、住所、電話番号（省令8条1号）、事業者の代表者または通信販売に関する業務の責任者の氏名（省令8条2号）などを表示しなければならない。事業者の氏名（名称）は、法律上の正式名称が表示されている必要がある。株式会社の場合には、商業登記簿に登記されている正式な法人名を表示する必要がある。これは、契約相手を法律上も明確にしておく必要があるためである。

（4）返品制度

特商法上のクーリング・オフ制度の適用がないことは、通常の通信販売と同様である。

また、返品制度の有無、返品制度がある場合にはその期間と費用負担に関することを広告に表示すべき義務があることも通常の通信販売と同様である（法11条4号）。

返品制度についての表示がなされていない場合には、当然に商品または特定権利が届いた日から起算して8日間は申込みの撤回または契約の解除ができる（法15条の3第1項）が、これはネット通販などで広告に返品についての表示がないにもかかわらず、消費者からの返品要求を拒絶してトラブルとなるケースが多発していたため導入された制度である。

返品制度についての表示は、広告表示を見る消費者にとって容易にかつ明確に分かるように行われていなければならない。

例えば、スマホのネット通販では、最初の表示部分に申込操作を行う画面があり、そのあと何ページにもわたってスクロールを続けると約款の最後に返品制度について（例えば「返品はできません」など）の表示がされているケースが見受けられる。申込みをしようとする場合には、最後までスクロールして返品制度の定めなどの表示事項を確認したうえで、改めて最初のページに戻って申込みをしなければならない場合もある。

また、最初の画面で申込みをすると、以降の表示画面をスキップしてしまい、消費者は以降の表示を見ることなく申込みが確定してしまうしくみのものも少なくない。

消費者が普通に広告表示を見る場合に、そこまで予想した上で、申込み前にすべてをスクロールして確認することはほとんど期待できない。むしろ、このような表示方法は、消費者に読ませないようにする目的があると推測されてもやむを得ないであろう。そのため、表示はなされていないのと同様であると評価することができるものであって、行政監督制度（法14条

指示、法15条 業務停止、法15条の2 業務禁止）の対象となるだけでなく民事ルールにおいても返品制度の表示がないとの評価のうえで8日間の返品制度の適用があるとして処理すべきであろう。

　返品制度の有無は、消費者にとっては極めて重要な情報であるから、消費者にとって明確かつ容易に分かるように表示すべきことが求められる。主務省である消費者庁では、「通信販売における返品特約の表示についてのガイドライン」を公表している（**参考資料107〜116ページ**）。例えば、ネット通販の場合には、消費者がブックマーク等を利用して商品のページなどを保存しておき、申込みをしようとする際にブックマークから入るケースがある。ブックマークから入る場合には、最初の広告表示画面を消費者が確認しないままに申込画面に進んでいく可能性がある。このような場合にも返品制度については消費者が容易に確認できるようにする必要があることから、最終申込画面に見やすく表示する、各商品の広告部分と共通表示部分を活用して、一見しただけで確認できるよう、分かりやすく表示するなどの方法で返品制度について表示すべきこととした。

（5）顧客の意に反して契約の申込みをさせようとする行為の禁止

　ネット取引では、クリックミスによるトラブルが起こりやすい。また、表示画面からは有料の契約申込みとなるかどうか明確でなく、有料の契約であるとの認識がないままにクリックした結果、予想しなかった登録料などの請求を受けて驚くといったトラブルも多くみられた。後者については、悪質な事業者があたかも無料で提供しているかのような表示にして誘い込み、消費者がクリックすると自動的に有料登録となってしまうようにしているケースもある。例えば、アダルトサイトや出会い系サイトなどではこの種のトラブルは少なくなかった。

　そこで特商法では、「顧客の意に反して契約の申込みをさせようとする行為」をした場合には、行政指示の対象と定め、規制した（法14条1項2号、省令16条1項）。具体的には、

①顧客がパソコン等で契約の申込みの操作を行う際、その操作が有料の申込みとなることを容易に認識できるように表示していない場合

②顧客がパソコン等で契約の申込みの操作を行う際、申込みの内容を容易に確認および訂正できるようにしていない場合

には、「顧客の意に反して契約の申込みをさせようとする行為」に当たると定めた。

　消費者庁は「分かりやすい」画面か「分かりにくい」画面か、その判断の解釈基準を「インターネット通販における『意に反して契約の申込みをさせようとする行為』に係るガイドライン」として具体的な画面例を公表している（**参考資料103〜106ページ**）。

（6）違反の場合の契約の効果

　あるボタンをクリックあるいはタップすれば、それが有料の申込みとなることを明確かつ平易に表示していない場合、申込内容を容易に確認でき、かつ訂正できるよう措置していない場合には、事業者は行政処分の対象となる。しかし、特商法では、違反があったために消費者が間違って申込み入力してしまった場合の取扱い（＝民事ルール）についての定めがない。

　無料だと思って申込みボタンをクリックしてしまった消費者には、代金の支払い義務があるのだろうか。また、注文したい商品と間違ってクリックしてしまった消費者は、返品制度がない場合には、不必要な商品であっても購入しなければならないのであろうか。

　インターネットを利用した取引についての民事ルールを定めた法律として、電子消費者契約法（電子消

費者契約に関する民法の特例に関する法律）がある。同法では、「消費者と事業者との間で電磁的方法により電子計算機の映像面を介して締結される契約であって、事業者又はその委託を受けた者が当該映像面に表示する手続に従って消費者がその使用する電子計算機を用いて送信することによってその申込み又はその承諾の意思表示を行う」取引を「電子消費者契約」と定義し（2条1項）、同法3条において次のように定めている。

　「民法第95条第3項（＝錯誤に関する適用除外規定）は、消費者が行う電子消費者契約の申込み又はその承諾の意思表示について、その意思表示が同条第一項第一号に掲げる錯誤に基づくものであって、その錯誤が法律行為の目的及び取引上の社会通念に照らして重要なものであり、かつ、次のいずれかに該当するときは、適用しない。ただし、当該電子消費者契約の相手方である事業者（その委託を受けた者を含む。以下同じ。）が、当該申込み又はその承諾の意思表示に際して、電磁的方法によりその映像面を介して、その消費者の申込み若しくはその承諾の意思表示を行う意思の有無について確認を求める措置を講じた場合又はその消費者から当該事業者に対して当該措置を講ずる必要がない旨の意思の表明があった場合は、この限りでない。

一　消費者がその使用する電子計算機を用いて送信した時に当該事業者との間で電子消費者契約の申込み又はその承諾の意思表示を行う意思がなかったとき。

二　消費者がその使用する電子計算機を用いて送信した時に当該電子消費者契約の申込み又はその承諾の意思表示と異なる内容の意思表示を行う意思があったとき。　　　　　」

　したがって、ネット通販で、申込内容の確認・訂正画面を設けていなかった場合には、消費者が、申し込む意思がなかったり、間違って入力したときは、その契約は錯誤によって取り消すことが可能となる（2017年の民法改正により、2020年4月以降に締結した契約については、錯誤による契約は取消しの対象になる）。

　消費者にうっかりミスがあったために起こったものであったとしても同様で、事業者からの、「消費者の重過失による錯誤なので、錯誤の規定の適用はない」とする主張は認められない。

　例えば、消費者がうっかりして、注文しようと思った商品とは別の商品の申込みボタンをクリックしてしまったようなケースであっても、事業者のほうで、消費者の申込内容を確認・訂正する画面表示をしていなかった場合には、錯誤に該当することになる。したがって、契約を取り消すことができ、消費者が事業者に対して契約を取り消す通知を出せば、消費者には代金を支払う義務はなくなる。

（7）ネットオークション

　ネットオークションの場合には、出品者が消費者である場合と事業者である場合とがある。出品者が消費者である場合には、売買契約は消費者と消費者との間に成立するので、消費者保護の制度の適用はない。具体的には、特商法の適用も電子消費者契約法の適用もない。

　しかし、出品者が事業者である場合には出品者の電子画面上の表示を見て消費者が通信手段によって申込みをするもので、通信販売の定義を満たすため、特商法の適用がある。さらに、消費者と事業者との間で行われる電子商取引であるから電子消費者契約法の適用もある。

　例えば、店舗業者がネットオークションに出品して

いる場合や、ネットショップを営んでいる事業者がネットオークションに出品もしているといった場合には、出品者が事業者であることは明白であり、当然に特商法の適用がある。

問題は、出品者がもっぱらネットオークションに出品する方法で販売活動を行っている場合をどのように考えるべきかである。特商法2条2項では、通信販売について「販売業者又は役務提供事業者が……」と定めている。業として継続して販売あるいは役務提供を行う者を規制の対象と定めていることが分かる。

消費者庁は、もっぱらネットオークションのみに出品する方法を行っている者についても「営利の意思を持って反復継続して販売を行う法人および個人」であれば特商法の規制対象となるとし、「インターネット・オークションにおける『販売業者』に係るガイドライン」を定めている（**参考資料93～95ページ**）。

▎6. 電子メール広告の規制

（1）オプトイン規制

承諾を得ていない消費者に対する電子メール広告の提供は原則として禁止されている（通信販売については法12条の3第1項［なお、連鎖販売取引については法36条の3第1項。業務提供誘引販売取引については法54条の3第1項］）。消費者から事前に承諾を受けた場合でなければ電子メール広告を送信できないとする「オプトイン規制」である。

違反した場合には、行政指示、業務停止命令、業務禁止命令の対象となる（通信販売については法14条、15条、15条の2。連鎖販売取引については法38条、39条、39条の2。業務提供誘引販売取引については法56条、57条、57条の2）。

消費者から承諾を得た場合、あるいは消費者から電子メール広告の送信依頼を受けた場合には省令で定める記録を作成し、これを保管しなければならない（通信販売については法12条の3第3項、省令11条の5。連鎖販売取引については法36条の3第3項、省令27条の3。業務提供誘引販売取引については法54条の3第3項、省令42条の3）。

（2）事前承諾を得る方法

消費者から電子メール広告を送信してほしいとの依頼があり電子メール広告を送信する場合は、具体的に想像できるし分かりやすい。問題となるのは、「消費者からあらかじめ承諾を得て」電子メール広告を送信する場合の「承諾」を得る方法である。

最も一般的な場面として、①消費者が事業者のホームページを閲覧した場合に承諾を得る方法②消費者がネット通販で申込みをした場合に承諾を得る方法が考えられる。なお、事業者が契約を締結した消費者に対して、契約内容に関する通知をしたり、契約の履行についての通知をしたりする際に併せて通信販売に関する電子メール広告を提供する行為は、消費者からの事前承諾を得ないでも行ってもよいとされる（法12条の3第1項2号、省令11条の3）。

①については、消費者が事業者のホームページを閲覧した場合に、ホームページに「今後電子メール広告を送信してもよいですか」との表示を行い、同意・不同意の選択肢のどちらかを選択させる方法が採られている。この場合の多くは、「同意する」にチェックが入っている画面がデフォルトになっているものが多いのが実情である。

なお、電子メール広告には、再送信拒絶に関する表示が義務づけられているので、不必要であると考えた場合には再送信を拒絶すれば、それ以後は電子メール広告の送信は禁止される（法12条の3第4項、省令11条の6）。

（3）規制対象の範囲

　通信販売の規制対象は、すべての商品と特定権利の販売、および有償の役務の提供である。ただし、法26条1項で適用除外とされた商品・特定権利・役務に関する通信販売の広告については特商法の規制が及ばない点は注意が必要である。例えば、パック旅行の場合は旅行業法、金融商品の場合は金融商品取引法などの規制対象とされる。

　しかしながら、特定電子メールの送信の適正化等に関する法律（以下、特定電子メール規制法という）は、「自己又は他人の営業につき広告又は宣伝を行うための手段として送信をする電子メール（同法2条2号）」全般に適用され、特商法と同様のオプトイン規制を設けている。適用除外については、訪問販売に関する解説を参考にされたい（**第2章　訪問販売（5）適用除外　7～8ページ**）。

（4）規制対象事業者の範囲

　以下の業務をすべて一括して委託している場合には受託業者にも特商法の規制が及ぶ。一括受託する業務の内容は、①消費者から電子メール広告の送信についての承諾を得る、あるいは請求を受ける業務　②承諾や請求の記録を作成し保存する業務　③消費者からの再送信拒絶の意思を表示するために必要な事項を表示する業務である（通信販売については法12条の3第5項、12条の4。連鎖販売取引については法36条の3第5項、36条の4。業務提供誘引販売取引については法54条の3第5項、54条の4）。

誌上法学講座
―特定商取引法を学ぶ―

第4章　電話勧誘販売

▎1. 電話勧誘販売とは

（1）被害の実態

　職場や自宅に勧誘電話をかけて契約締結まで至る電話勧誘販売被害は、通信販売、店舗販売、訪問販売に次いで被害が多い取引方法である。ことに近年では、高齢者被害の割合が増している。

（2）定義

　特商法による電話勧誘販売の定義は販売方法と契約対象の商品・役務・権利の2つの要件に分けられる（法2条3項）。原則としてすべての商品・役務、権利の販売については特定権利の販売が適用対象である。ただし、適用除外を政令等で定めている点に注意が必要である（法26条1項、政令5条別表第二）。この点は、訪問販売・通信販売と共通である（**参考資料91～92ページ**）。

①勧誘方法

　販売方法については「販売業者又は役務提供事業者が、電話で契約の締結について勧誘を行うものであること」が必要である。事業者から消費者に電話をかけてくるものが圧倒的に多いが、「政令で定める方法により」事業者が消費者にかけさせた電話で契約の締結について勧誘をする場合も含まれる。

　政令で定める方法とは、

a 「契約の締結について勧誘するためのものであることを告げずに電話をかけることを要請すること」（政令2条1号）

b 「他の者に比して著しく有利な条件で契約を締結

することができる旨を告げ、電話をかけることを要請すること」（政令2条2号）

の2種類である。

　aの方法としては、電話、郵便、信書便、電報、ファクシミリ装置を用いて送信する方法、電磁的方法などの特定の消費者を対象とする方法のほか、ビラ、パンフレットの配布などの不特定多数を対象とする方法も含まれる。一方、bの場合には、電話、郵便、信書便、電報、ファクシミリ装置を用いて送信する方法、電磁的方法などの特定の消費者を対象とする方法に限定されている。

　この規定は、消費者にとって勧誘が不意打ち的である場合には電話勧誘販売規制の対象とする趣旨で、事業者による脱法を防止する目的であり、訪問販売の場合の「特定顧客取引」と同様の制度趣旨である。したがって、消費者から事業者に電話をかけて勧誘を受けた場合でも、どのようなきっかけによって電話をかけたのかについて具体的に事実関係を把握したうえで、電話勧誘販売に当たるかを判断する必要がある。例えば、事業者が消費者に送信した「良い話があります。至急電話をください」という電子メールやSNSを見て電話をかけてきた消費者に対して契約の勧誘を行った場合には、aに該当する。

②申込手段

　電話勧誘により、消費者から当該契約の申込みを郵便等により受けた場合であるか、郵便等により契約を締結することが要件とされている（法2条3項）。つまり、電話勧誘により、消費者から郵便等の通信手段によって申込みを受け付けて契約を締結する場合

を対象としているということである。非対面取引であることに着目した定義となっている。

　典型的なものは、事業者が電話勧誘を行い、その電話で消費者に契約の申込みをさせるというものである。しかし、それだけに限らず、電話勧誘に基づいて意思決定をした消費者が通信手段で後日、申込みをする場合はすべて電話勧誘販売の可能性がある。例えば、事業者からの電話勧誘を受け、いったんは勧誘電話を切った後に、後日、消費者から電話やインターネットで契約の申込みをする場合も、電話勧誘販売の要件を満たす。

　「郵便等」については、省令2条で、「郵便又は信書便、電話機、ファクシミリ装置その他の通信機器又は情報処理の用に供する機器を利用する方法（例えば、電子メールなど）、電報、預金又は貯金の口座に対する払込み」が含まれるものと定めている。したがって、勧誘電話を受けていったん電話を切った後に、代金の払込みをした場合、電子メールで申込みをした場合、などはすべて電話勧誘販売に該当することになる。

　悪質事業者によっては、勧誘電話で申込みまではさせず、勧誘電話をいったん切ったうえで消費者からインターネットで申し込ませ、「通信販売であり電話勧誘販売ではないからクーリング・オフの適用はない」と主張するケースが見受けられる。しかし、電話勧誘により意思決定をして通信手段で申込みをした場合には、電話勧誘販売に該当するものであり、事業者の主張は誤りである。事実と異なる事業者の説明により消費者がクーリング・オフの適用がないと誤認してクーリング・オフをしなかった場合には、後述のクーリング・オフ妨害に該当することになる。

③商品・特定権利の販売、役務の有償での提供

　電話勧誘販売の要件の2つ目は、契約の内容である。商品の販売の場合は、原則としてすべての商品が対象になる。役務の有償の提供の場合も、原則としてすべての役務の提供が対象となる（ただし、適用除外規定があるので注意すること）。

　ただし、権利の販売の場合には、特定権利の販売に限られる（適用除外もあるので注意）。この点は、訪問販売と同様である。

（3）アポイントメントセールスとの区別

　若者などをねらうアポイントメントセールスも、最初は、事業者が消費者に電話をかけてくるところから始まるケースがある。しかし、この場合の電話は、消費者を呼び出す手段として用いられるものであり、契約の勧誘は消費者を呼び出した場所で、販売員が消費者に直接対面して行われる。したがって、この場合には、呼び出した場所が営業所等以外の場所であれば訪問販売に該当する。呼び出された場所が営業所等であったとしても、契約の勧誘目的であることを隠して呼び出した場合、特別な有利性をうたって呼び出した場合には訪問販売に該当する（特定顧客取引）。

　区別のポイントは、訪問販売では事業者と消費者が取引の際に直接対面するが、電話勧誘販売では電話による勧誘と通信手段による申込みのみで契約締結に至る「非対面取引」であるという点である。

2. 規制の概要

電話勧誘販売についての規制は、訪問販売の規制とほぼ横並びの規制となっている。電話勧誘販売も訪問販売も、消費者にとっては不意打ち性のある攻撃性の強い取引方法であること、閉鎖的な取引であることに特徴があり、そのために消費者被害が起こりやすい点に共通性がある。

取引適正化の観点からの行政規制と被害救済のための民事ルールがある。取引適正化の観点からの規制は、①氏名等の明示義務（法16条）②再勧誘の禁止（法17条）③不当な勧誘行為などの禁止（法21条）④書面交付義務（法18条、19条）などである。違反に対しては、⑤業務改善の指示（法22条）⑥業務停止命令（法23条）⑦業務禁止命令（法23条の2）の行政監督制度と部分的に罰則がある（**参考資料95ページ**）。

被害救済のための民事ルールとしては、⑧クーリング・オフ制度（法24条）⑨過量販売解除制度（法24条の2）⑩取消制度（法24条の3）⑪損害賠償等の額の制限（法25条）がある。

3. 行政規制

（1）行為規制
①氏名等の明示義務

電話勧誘販売をしようとするときは、勧誘に先立って事業者の氏名または名称、勧誘を行う者の氏名、商品・権利・役務の種類、契約の締結について勧誘をするためのものであることを告げなければならない（法16条）。これは不意打ち性を避けるためである。
②再勧誘の禁止

電話勧誘に対し、消費者が契約の締結をしない旨の意思を表示した場合には、再勧誘は禁止される（法17条）。断られた以後も電話を切らずに勧誘を続けることを禁止するほか、いったん電話を切った後に再勧誘の電話をかける行為を禁止することも含まれる。

訪問販売については、2008年改正まで消費者が断った場合の再勧誘禁止規定は定められていなかったが、電話勧誘販売については、規制対象として導入された当初から再勧誘の禁止規定は明記されていた。

これは、電話勧誘販売が規制対象とされた事情として、サラリーマン向けの資格取得のための教材や通信講座の電話勧誘販売において、事業者が、サラリーマンの職場をねらって断っているにもかかわらず執拗な勧誘電話を繰り返し、被害を多発させたことが背景にある。電話勧誘販売については、主務省は当初「電話勧誘は、断って相手にしなければよい」だけの話であり、法律で規制する必要性は感じないという姿勢であった。しかし、消費者が迷惑に思って断れば断るほど、いっそう執拗に勧誘電話をかけてくる一種の「電話テロ」被害が蔓延したことから、「勧誘電話は切ればいいだけのこと」などと言ってはいられない事態となって規制対象として導入された。以上の経緯から、当初から再勧誘の禁止規定は重要なポイントであった。
③禁止行為と指示対象行為

訪問販売と同様に、契約の締結についての不当な勧誘行為とクーリング・オフを妨げるための不当な行為を禁止した。禁止されているのは、重要事項の不実告知・故意の重要事項の不告知・威迫して困惑させる行為などである（法21条、22条）。禁止行為や指示対象行為については、参考資料を参照されたい。（**参考資料98ページ**）。

（2）書面交付義務

訪問販売の場合と同様に、申込段階で申込書面、契約締結段階で契約書面の交付義務がある。

ただし、申込みを受けた際に契約を締結した場合は、契約書面の交付義務はあるが、申込書面は交付しなくてよいとされている。いずれも、申込み、契約締結の後には遅滞なく（通常３～４日以内に）書面交付義務があり、記載事項（**表9**）は法律と省令で極めて具体的かつ詳細に定められているので、留意する必要がある（法18条、19条、省令

17条～20条）。書面交付義務は、事業者からの消費者に対する取引内容の開示義務であり、極めて重要な義務であり、その交付日が民事ルールのクーリング・オフ期間の起算日となるものである。

（3）前払式電話勧誘販売の承諾等の通知

訪問販売とは異なる規制であるが、前払式通信販売には同趣旨の制度がある。事業者と消費者とが通信手段だけで取引を進め、直接対面する機会を持たない場合で、代金を前払いしても事業者からの連絡がない場合、消費者の不安は大きく、取引は不安定となる。そこで、商品の引渡し（権利の移転、役務の提供）に先立って代金（対価）の全部または一部を受領した場合には、遅滞なく商品の引渡し等を行う場合を除き、申込みの承諾の有無など**表10**の事項を記載した書面を交付すべきものとした（法20条）。

表9　電話勧誘販売　申込書面記載事項（法18条）

商品（権利、役務）の種類	法18条1号
販売価格（役務の対価）	法18条2号
代金（対価）の支払時期、方法	法18条3号
商品の引渡時期（権利の移転時期、役務の提供時期）	法18条4号
クーリング・オフに関する事項（クーリング・オフの適用除外がある場合はその旨も含む）	法18条5号
事業者の氏名（名称）、住所、電話番号、法人ならば代表者の氏名	省令17条1号
契約の申込み又は締結を担当した者の氏名	省令17条2号
契約の申込み又は締結の年月日	省令17条3号
商品名、商品の商標又は製造者名	省令17条4号
商品の型式	省令17条5号
商品の数量	省令17条6号
引き渡された商品が種類又は品質に関して契約の内容に適合しない場合、販売業者の責任についての定めがあるときには、その内容	省令17条7号
契約の解除に関する定めがあるときには、その内容	省令17条8号
そのほか特約があるときには、その内容	省令17条9号

＊書面の字の大きさは8ポイント（官報の字の大きさ）以上でなければならない。
　また、赤枠の中に赤字で、書面をよく読むべき旨およびクーリング・オフの事項について記載しなければならない。
＊契約書面（法19条）の記載事項は、申込書面とほぼ同一である。

表10　前払式電話勧誘販売の承諾等の通知事項（法20条）

申込みの承諾の有無（承諾しないときには、受け取ったお金をすぐに返すことと、その方法を明らかにしなければならない）	省令21条1号 省令22条1項1号
代金（対価）を受け取る前に申込みの承諾の有無を通知しているときには、その旨	省令21条1号
事業者の氏名（名称）、住所、電話番号	省令21条2号
受領した金銭の額（それ以前にも金銭を受け取っているときには、その合計額）	省令21条3号
当該金銭を受け取った年月日	省令21条4号
申込みを受けた商品名とその数量（権利、役務の種類）	省令21条5号
承諾するときには、商品の引渡時期（権利の移転時期、役務の提供時期、継続的な役務については期間または期限を明らかにする必要がある）	省令21条6号 省令22条1項2号

＊書面の字の大きさは8ポイント（官報の字の大きさ）以上でなければならない。

4. 民事ルール

民事ルールは、被害にあった消費者を救済するための法理で、消費生活相談で必要不可欠な最も重要なルールである。電話勧誘販売でも、訪問販売と同様に①クーリング・オフ制度　②取消制度　③過量販売解除制度　④損害賠償等の額の制限の4種類の民事ルールが定められている。以下では、①②③について説明する。

（1）クーリング・オフ制度

電話勧誘販売では、申込書面を受領した日から起算して8日間、申込書面を受領していない場合は契約書面の受領の日から起算して8日間のクーリング・オフ制度がある（法24条）。期間の起算日が、法律で定められた記載事項がすべて正しく記載された書面の受領日となっていること、受領日を1日目と計算すること（民法では、期間計算は翌日からの計算な

ので、例外的な取扱いとなっている点に注意が必要）の2点に留意する必要がある。書面を受け取っている場合でも、書面を確認して法定記載事項の欠落の有無などを十分検討する必要がある。契約日や受領日から8日が経過しているというだけでクーリング・オフができないとの助言はすべきではない。書面の確認に基づいた正確な助言やあっせんが消費生活相談による消費者支援として重要であることは指摘しておきたい。クーリング・オフ妨害、クーリング・オフの通知方法、清算処理などは訪問販売と同様である。

（2）取消制度

契約の締結の勧誘の際に、禁止行為である重要事項の不実告知あるいは故意の事実不告知があり、それにより消費者が誤認して契約を締結した場合には、追認できるときから1年間は契約を取り消すことができる（法24条の3）。ただし、誤認が継続している場合であっても、契約を締結してから5年を経過

表11　電話勧誘販売　取消事由（法24条の3）

	重要事項	不実告知 （法21条1項）	故意の事実不告知 （法21条2項）
法21条1項1号 省令22条の2	商品の種類及びその性能若しくは品質又は権利若しくは役務の種類及びこれらの内容、商品の効能、商品の商標又は製造者名、商品の販売数量、商品の必要数量、役務又は権利に係る役務の効果	○	○
法21条1項2号	商品若しくは権利の販売価格又は役務の対価	○	○
法21条1項3号	商品若しくは権利の代金又は役務の対価の支払の時期及び方法	○	○
法21条1項4号	商品の引渡時期若しくは権利の移転時期又は役務の提供時期	○	○
法21条1項5号	当該売買契約若しくは当該役務提供契約の申込みの撤回又は当該売買契約若しくは当該役務提供契約の解除に関する事項（クーリング・オフに関する事項（クーリング・オフの適用除外がある場合はその旨も含む）を含む）	○	○
法21条1項6号	電話勧誘顧客が当該売買契約又は当該役務提供契約の締結を必要とする事情に関する事項	○	×
法21条1項7号	前各号に掲げるもののほか、当該売買契約又は当該役務提供契約に関する事項であつて、電話勧誘顧客又は購入者若しくは役務の提供を受ける者の判断に影響を及ぼすこととなる重要なもの	○	×

したときには、取消権は時効によって消滅する。

　この制度は、消費者が納得できない契約を締結してしまっているもののクーリング・オフ期間は経過してしまっている場合に活用できる。ただし、取引方法と交付書面の記載内容という客観的な観点から適用の有無を判断できるクーリング・オフ制度とは異なり、取消事由（**表11**）の存在が必要である。取消事由は勧誘の際の事業者の説明内容と消費者の認識と、事実との食い違いであるため、消費者からの丁寧な聴き取りがポイントとなる。そのため、取消事由の把握のために時間がかかる場合が少なくない。また、事業者が否定してくるため水掛け論になる場合もある。その場合には、消費者からの丁寧な聴き取りに基づいて事業者に誠実な調査と対応を求める根気と誠実な説得が必要となる。しかし、取消制度の導入により、クーリング・オフ制度しかなかった当時にはあっせん解決が困難であったケースについても事業者の譲歩による解決が得られるケースも増えており、相談業務においても活用すべき貴重な制度である。詳細は訪問販売を参照されたい（**第2章　訪問販売　4.取消制度 13〜18ページ**）。

（3）過量販売解除制度

　訪問販売と同様に、過量販売解除制度がある（法24条の2）。1件の契約でその消費者にとっては通常必要な分量を著しく超える量の契約をさせる場合や、次から次へと繰り返し同種の商品の契約をさせる、いわゆる次々販売により同種の商品を通常必要な分量を著しく超えて大量に購入させた結果となった場合が対象になる。解除の対象となる契約を締結した日から1年間解除できること、解除の際の清算方法はクーリング・オフの規定が準用されることについては、いずれも訪問販売の場合と同様である（**第2章 訪問販売　5.過量販売規制　18〜21ページ**）。

　販売契約の支払いについて個別クレジット契約を利用している場合で、その販売契約が過量販売にかかる解除に当たるときは、個別クレジット会社との立替払契約も過量販売にかかる解除ができる（**後述「第11章　個別クレジット契約を利用しているとき」参照**）。

誌上法学講座
—特定商取引法を学ぶ—

第5章　連鎖販売取引

┃ 1. 連鎖販売取引とは

（1）はじめに

　通常、連鎖販売取引は「マルチ商法」を意味すると理解されることが多い。例えば「友人から良い話があると誘われて説明会に行ったら、商品を購入して会員になり、その商品を知人に紹介すれば利益が得られる。数カ月も頑張ればどんどん儲かるようになると誘われた」といったケースが典型的である。さらに、「マルチ商法」というと、いかがわしい商法といったイメージがあるようで、それを避けるために勧誘トークとして「ネットワークビジネス」などと説明する場合も少なくない。労働環境が悪化しワーキングプア化が進行するなかで、こうした「儲け話」によって多様な被害が発生し続けている。販売対象とされる商品やサービスも多様化し、健康食品をはじめとする健康関連商品、化粧品や、いわゆる情報商材などの外形からは品質が分かりにくい商品やサービスが用いられる傾向がある。

　しかし、このような認識は、連鎖販売取引に関する規制の理解としては不十分なものであるといわざるを得ない。連鎖販売取引被害に対して適切な助言やあっせんを行ったり、法律改正の必要性についての情報収集を充分に行うためには、現行法で規制されている連鎖販売取引とはどのような取引なのか、その定義と要件をきちんと理解することが重要である。

（2）マルチ商法と連鎖販売取引

　マルチ商法とは、マルチレベルマーケティング・プラン（多重階層式販売組織、MLM）の略称であ

る。MLMは、1960年代にアメリカから日本に入ってきたもので、当時は、学生や自営業者に多くの被害が出た。家計の破綻、一家心中、自殺、夜逃げなどの経済的破綻や人間関係の破綻などによる深刻な被害が発生し社会問題となった。こうした経緯から、1976年に制定された訪問販売等に関する法律において「連鎖販売取引」として規制されることとなった。その意味では、連鎖販売取引はマルチ商法による深刻な被害の防止を目的として規制されたものである。しかし、マルチ商法は、販売組織全体のあり方を問題とするとらえ方によるものであるのに対し、連鎖販売取引の定義の仕方は「個々の取引が要件を満たしているか」を問題とするとらえ方であり、販売組織全体のしくみからアプローチするものではない。つまり、連鎖販売取引であるかどうかを判断するためには、どのような販売組織であるかは把握できなくても個別の消費者の契約が要件を満たしているかを把握できればよいように制度設計されているという特徴がある。一言でいえば、マルチ商法の内の一部を規制するにとどまっているということになる。

　その結果、「特定利益が得られるとして誘引する」という要件を満たさない、いわゆる「後出しマルチ（後述）」には特商法上の規制が及ばないこととなり、大きな問題となっている。

（3）セールストークに用いられる「利益」の問題

　一般的にマルチ商法として認識されやすい典型例を先ほど取り上げたが、実は、この情報だけでは連鎖販売取引に該当するかどうかを判断することはでき

ない。「その商品を知人に紹介すれば利益が得られる」とは説明をしているものの、この利益がどのような利益なのか具体的な内容が分からないからである。どのような利益計算になるのか、利益はどのように入ってくるのかについての具体的説明がない点が問題なのである。こうしたケースの中には、「消費者が商品を購入して会員になり、自分で商品を使用した感想に基づいて知人などに商品を紹介し、購入してもらえた場合には紹介料として歩合収入が得られる」というたぐいのものがある。この場合の収入は、「商品を小売りすると、小売りによる利益が得られる」ということである。こうした利益は、特商法で規制されている「業務提供誘引販売取引」の要件としての「業務提供利益」に該当する可能性が高いが、連鎖販売取引の要件としての「特定利益（後述）」には該当しない。

つまり、似たような勧誘トークを用いていても、「どのような利益であるか」を具体的に把握しないと、連鎖販売取引の要件としての「特定利益」に該当するかどうかは判断することができない。連鎖販売取引に該当するかどうかを見極めるためには、「特定利益」がどのようなものかを正確に理解しておくことが重要である。

(4) ネズミ講との関係

マルチ商法とよく似たしくみを採るものにネズミ講（無限連鎖講）がある。ただし、ネズミ講は「無限連鎖講の防止に関する法律」によって全面的に禁止されている犯罪行為そのものであり、マルチ商法とは異なるものと位置づけられている。

根本的な違いは、マルチ商法は商品などの販売組織であるのに対し、ネズミ講は単なる金銭配当組織であるという点である。ネズミ講のしくみは、「金銭などを支払って会員となり、自分の下に2人以上の会員を勧誘する。以降の会員もすべて同じことを繰り返

す。そうすることによって一定の会員が自分の下に形成され、自分が会員になるために出費した以上の金銭などが得られる」というもので、なんら生産的要素のない純粋な金銭配当組織である。

しかし、ネズミ講は違法行為であるため、公然とネズミ講を行えばすぐに刑事摘発されてしまう。そのために、ネズミ講であるにもかかわらず、商品売買をしているかのように偽装しているケースもある。例えば、販売員となるために組織で取り扱っている商品を購入するように勧誘するが、購入させた商品は消費者に渡されることはなく「親に見つかると困るだろうから、こちらで預かっておくから」と説明し、誰も見たことがないというケースがある。そればかりか、商品が実在していない場合もあり、商品はネズミ講であることを隠蔽（いんぺい）するために口実として用いられているに過ぎない。

(5) 定義

連鎖販売取引については、相談者が参加した取引が連鎖販売取引に該当するかどうかを的確に判断することが重要である。

連鎖販売取引に該当するためには、次の要件をすべて満たしていることが必要である（法33条）。すなわち、①事業者の事業内容が物品の販売または有償での役務（サービス）の提供などの事業であること ②契約した消費者の地位が再販売、受託販売もしくは販売のあっせん（または役務の提供もしくはそのあっせん）をする者となること ③その者を特定利益が得られると誘引すること ④特定負担を伴う取引であること（取引条件の変更を含む）⑤物品の販売または有償の役務提供契約であること。

なお、禁止行為、書面交付義務、クーリング・オフ制度、中途解約制度、取消制度の適用などにおいては、これらの要件のほかに契約者（上記②に該当する者）が「店舗等によらない個人」であること

が必要とされている（法34条、37条、38条1項2号～3号、40条、40条の2、40条の3）。これは特商法の立法趣旨が消費者を保護することを目的としているためである。そもそも、連鎖販売取引では、契約をして会員となった者は、自分の下に新たな会員を勧誘して増やしたり商品の販売を行うなどの事業活動を行う立場に立つことになる。連鎖販売取引とは、このような活動を行うことによって利益を得ることが目的のビジネスであり、訪問販売などのように消費者が私生活で使用するための商品やサービスを購入する契約についての規制とは異なる。契約をして会員となった者は、一般連鎖販売業者に当たることになる。

しかし、連鎖販売取引は、ビジネスについての素人である消費者を複雑でリスクの高い取引に引き込むものであるという問題がある。そこで、消費者として保護する必要性があるとの観点から規制が設けられている。以上の趣旨から「店舗等によらない個人」を「連鎖販売加入者」として限定して保護の対象としている。店舗を設けて連鎖販売業を行っている場合や、従業員を雇用したり法人として連鎖販売業を行っている場合には、特商法による保護は及ばない。

以下、要件ごとにポイントを説明する。

①事業者の事業内容が物品の販売または有償での役務（サービス）の提供などの事業であること

ネズミ講と区別するための重要なポイントである。物品には会員権などの権利を含む。有償でのサービス（役務）の提供を事業とするものであってもよい。物品・役務については、範囲の制限はなく、あらゆるものが含まれる。

なお、物品の販売などの事業内容については、勧誘の際の説明だけでは足りず、業務の実態があることが必要である。セールストークで用いるだけで、業務の実態がない場合にはネズミ講に該当するのは前述のとおりである。

②契約した消費者の地位が再販売、受託販売もしくは販売のあっせん（または役務の提供もしくはそのあっせん）をする者となること

これは、勧誘されて契約することとなった消費者が、業者とどのような法律関係となるのか、どのように利益計算するのかについての定めである。1988年改正前は「再販売」に限定されていた。再販売とは、業者と契約して会員（＝販売員）となった者が、自分の上位者から商品などを購入して自分の所有物としたうえで、これを自分の下位の会員に卸売販売する形態を指す。1960年代に蔓延して社会問題となったホリディマジック社、APOジャパンなどの事業がすべて再販売型だったことから、規制対象が限定された経緯がある。再販売型の連鎖販売取引が規制されることとなった直後から、紹介販売型（ベルギーダイヤモンドなど）、委託販売型（1970年代のジャパンライフなど）が出現して社会問題となった。そこで、販売員の法律的な立場や利益収入のしくみ（卸売利益、委託販売手数料、紹介料などの区別）によらない趣旨に改正され、現行法の内容に改められたものである。

③その者を特定利益が得られると誘引すること

「その者」は、②に該当する者を指す。そして、特定利益は、連鎖販売取引であるかどうかを判断する際の重要なポイントである。特定利益とは、「その商品の再販売、受託販売若しくは販売のあっせんをする他の者又は同種役務の提供若しくはその役務の提供のあっせんをする他の者が提供する取引料その他の主務省令で定める要件に該当する利益の全部又は一部」である。

省令24条では、以下の各号で特定利益について次のように定めている。

一　商品（法第33条第1項の商品をいう。）の再販売、受託販売若しくは販売のあつせんをする他

の者又は同種役務の提供若しくは役務の提供の
あつせんをする他の者が提供する取引料により生
ずるものであること。
二　商品の再販売、受託販売若しくは販売のあつせ
んをする他の者に対する商品の販売又は同種役務
の提供若しくは役務の提供のあつせんをする他の
者に対する役務の提供により生ずるものであること。
三　商品の再販売、受託販売若しくは販売のあつせ
んをする他の者が取引料の提供若しくは商品の購
入を行う場合又は同種役務の提供若しくは役務の
提供のあつせんをする他の者が取引料の提供若し
くは役務の対価の支払を行う場合に当該他の者以
外の者が提供する金品により生ずるものであること。

　例えば、1号は販売員を獲得すると得られるリクルー
トマージン、2号は卸売利益、3号は自分の下の販
売員の売り上げについて歩合収入が得られるスリーピ
ングマージンなどが該当する。小売利益は特定利益
には含まれない。特定利益とは、自分の下に会員を
増やすことによって得られる利益であり、連鎖販売取
引の本質的な要件であるといえる。
　特定利益については、「得られるとして誘引するこ
と」が要件とされている点に注意する必要がある。
特定利益は、契約上定められている場合には当然
に満たしていることになる。仮に契約条件として明記
されていない場合であっても、勧誘の際に「特定利
益に該当する利益が得られる」として勧誘している
場合、あるいは広告で誘引している場合であれば足
りる。したがって、特定利益の有無の判断をする際
には、事業者から交付された概要書面や契約書面
などで確認するだけでは足らず、広告の内容、勧誘
の際の説明内容などを丁寧に把握する必要がある。
　いわゆる「後出しマルチ」とは、契約の勧誘の際
には特定利益が得られることは告げておらず、契約

締結後に特定利益が得られることを告げるタイプのも
のを指す。契約の勧誘の際には特定利益による誘引
がないため、連鎖販売取引には該当しないことになる。
④特定負担を伴う取引であること（取引条件の変更を含む）
　連鎖販売取引を行う（会員となる）際に支払う金
銭のことである。既に会員となっている者がランクアッ
プなどの取引条件の変更をする際に支払う金銭も特
定負担である。特定負担の典型的なものは、「商品
の購入代金」や「役務の対価」であるが、それ以
外にも、取引料、加盟料、保証金その他名目を問わ
ず、取引をするに際しまたは取引条件を変更するに際
し提供される金員は「取引料」として特定負担に含
まれる（法33条3項）。
　特定負担は、現実に「伴う」ものであれば足りる。
「伴う」という趣旨は、契約条件として契約条項な
どに明記されていなくても、連鎖販売取引で会員とな
るために必要な経済的負担として実際に支払った事
実があれば要件を満たすことを意味する。したがっ
て、特定負担の有無を把握するためには事業者か
ら交付された書面類を確認することは当然であるが、
それだけでは不十分で、消費者から事実経過につ
いて詳細に聴き取ることが重要となる。
⑤物品の販売または有償の役務提供契約であること
　契約内容となる物品（施設を利用する権利または
役務の提供を受ける権利も含む）や役務は、すべ
てが対象となる。訪問販売などの適用除外規定（法
26条1項8号など）はない。

2. 規制の概要

　連鎖販売取引への誘引は、広告によるもの、知
人同士の口コミなどによるもの、勧誘メールによるもの、
訪問勧誘によるものなどがある。そこで、入り口規制

として、広告規制（法35条、36条）、電子メール広告に関する規制（法36条の3、36条の4）、氏名等の明示義務（法33条の2）が定められている。そして、取引内容が極めて複雑で理解しにくいうえに、消費者にとっては利益が得られないだけでなく金銭的な損失を被る危険もあるため、契約書面だけではなく、さらに契約締結までに取引の概要を記載した書面を交付すべきことを義務づけている（法37条）。これらの行政規制に違反した場合には、改善の指示（法38条）、業務停止命令（法39条）、業務禁止命令（法39条の2）などの行政監督の対象となるほか、罰則の定めもある（**参考資料95、99ページ**）。

また、消費者が不本意な取引から離脱できるための民事ルールとして、①20日間のクーリング・オフ制度、クーリング・オフ妨害があった場合のクーリング・オフ期間の延長制度（法40条）②契約の締結についての勧誘の際の説明に問題があって消費者が誤認した場合の取消制度（法40条の3）を定めている。さらに、③連鎖販売取引では、自分には向かないなどの理由から販売組織から離脱したいと思っても辞めさせてもらえないなどのトラブルも少なくなかったため、いつでも販売員を辞めることができるとする中途解約制度も導入した（法40条の2）。この場合には、一定の条件を満たした場合に限定して、在庫の返品制度と返品の場合の違約金の制限を定めた。

したがって、連鎖販売取引の消費者被害の救済方法としては、まずクーリング・オフ制度の活用を考える。クーリング・オフ期間が経過しているために難しい場合には、勧誘の際に問題があれば取消制度の活用を考える。具体的には、勧誘の際の説明に問題があった場合には、特商法上の取消制度の利用を検討する。断っているのに引き留められたり居座られたりして、困惑状態に付け込まれて契約を押し付けられた場合には、消契法の困惑類型による取消制度の利用を検討する。これらの解決方法がいずれも難しい場合には、最低水準の救済方法として、中途解約と返品による離脱を考えることになる。

3. 行政規制

（1）広告表示・誇大広告の禁止

連鎖販売取引についての広告をするときは、一定の事項を表示しなければならない（**表12**）。広告表示義務は、広告を行う者が統括者（連鎖販売業を実質的に支配する者）であっても、勧誘者、一般連鎖販売業者であっても適用がある（法35条、省令25条、26条）。例えば、「誰でも儲かる」など特定利益についての表示をする場合には、「特定利益の計算方法」を表示することが義務づけられる（省令26条2項）。また、特定負担についての表示は、商品の購入金額、役務の対価などの支払金額、または取引料の金額とその合計金額を明示する必要がある（省令26条1項）。つまり、ビジネスに参加する場合に伴う経済的

表12　連鎖販売取引　広告表示事項（法35条）

商品（役務）の種類	法35条1号
取引に伴う特定負担に関する事項	法35条2号 省令26条1項
特定利益について広告をするときにはその計算方法	法35条3号 省令26条2項
統括者などの氏名（名称）、住所、電話番号	省令25条1号
統括者などが法人で、電子情報処理組織を使用する方法によって広告をする場合には、当該統括者などの代表者又は連鎖販売業に関する業務の責任者の氏名	省令25条2号
商品名	省令25条3号
相手方の請求に基づいて電子メール広告を送る場合には、統括者などの電子メールアドレス	省令25条4号

負担の具体的な内容と内訳、その合計金額のすべてを表示することを義務づけているわけである。

さらに、誇大広告も禁止されている（法36条、省令27条）。すなわち、連鎖販売業に関する商品の性能・品質、または施設を利用し、もしくは役務の提供を受ける権利・役務の内容、特定負担、特定利益、国・地方公共団体・著名な法人その他の団体や著名な個人の関与、クーリング・オフ制度に関することなどについて、著しく事実と相違する表示をし、または実際のものより著しく優良であり、もしくは有利であると誤認させる表示は禁止されている。「確実に儲かる」などの表示は法36条違反の可能性がある。

以上の広告規制は、電子メール広告やSNSにも及ぶ。勧誘者や一般連鎖販売業者も規制対象となる。したがって、消費者が連鎖販売取引を行って販売員（一般連鎖販売業者）となり、友人や知人に勧誘メールを送信したりSNSを発信したりする場合には、以上の広告規制が及ぶことになる。

（2）電子メール広告の送信に対する規制

電子メール広告を、消費者の承諾を得ないで送信することは禁止されている（法36条の3）。なお、この電子メール広告を消費者の承諾を得ないで送信することを禁止する規制（オプトイン規制）は、末端の販売員（＝一般連鎖販売業者）に対しても及ぶ。

（3）勧誘に関する規制

連鎖販売取引を勧誘する場合には、勧誘に先立ち、つまり勧誘対象の消費者と接触した場合には最初に、次のことを告げなければならない（法33条の2）。すなわち、統括者、勧誘者、一般連鎖販売業者は、
①自己の氏名または名称（勧誘者や一般連鎖販売業者の場合は統括者の氏名・名称も告げる必要がある）

②特定負担を伴う取引について勧誘をする目的である旨
③その勧誘にかかわる商品または役務の種類
を明らかにしなければならない。この規制は、統括者、勧誘者、一般連鎖販売業者のすべて、つまり、末端の販売員となった者にも及ぶ規制である。その制度趣旨は、消費者にとって不意打ちとなることを抑止する点にある。勧誘前に連鎖販売取引の勧誘であると明確に告げることで、そのような取引にはかかわりたくない消費者は、その段階で拒絶できるため、被害を未然に防止することをねらったものである。末端の販売員となった消費者が「良いバイトがあるよ」とか「マルチじゃないから大丈夫」などと勧誘するのは、この規制に反する行為である。ただし、勧誘時の入り口規制違反は、行政監督の対象とされているものの、違反により契約させられた場合の民事ルール（例えば、それを理由に取消しできるなどの制度）は導入されていない。この点の違反があったというだけでは、契約の成立や効果までは争うことができないので、注意が必要である。

（4）禁止行為（不当な勧誘行為等の禁止）

契約の締結について勧誘をする際の消費者の選択をゆがめる不当な行為および消費者のクーリング・オフを妨げる不当な行為を禁止している（法34条）。これらの禁止行為には、行政監督制度だけでなく罰則の定めもある。禁止されている行為は（**参考資料95、99ページ**）を参照されたい。

（5）書面交付義務

取引に関する重要な情報を開示するための書面交付義務（法37条）は、契約締結までに交付すべきことが義務づけられている、取引の概要について記載した書面（いわゆる「概要書面」）と、契約締

結後に遅滞なく交付することを義務づけられている、契約の内容を明らかにする書面（いわゆる「契約書面」）の2段階の交付義務がある。

　連鎖販売取引は、大変複雑で分かりにくく、口頭の説明だけで理解することは困難である。また、消費者にとっては経済的損失を被るなどのリスクもある。そこで、契約を締結するかどうかを判断する段階で、事業者に対して、消費者に書面による情報開示を義務づけたものが、概要書面の交付義務の意味である。

　契約書面は、消費者と締結した契約の具体的内

容が記載されている必要があり、「契約締結後、遅滞なく」交付すべきものなので、交付時期にも注意する必要がある。例えば、概要書面と兼ねるとか、申込みの段階で前もって交付すればよいものではなく、契約が締結された後に遅滞なく交付される必要があるということである。これは、契約が成立したことおよびその内容を消費者に明示することによって、熟慮を促すという点で極めて重要な視点である。

　概要書面と契約書面の記載事項は、**表13・14**のとおりである。特に、契約書面の記載内容につい

表13　連鎖販売取引　概要書面記載事項（法37条1項）

記載事項	根拠
統括者の氏名（名称）、住所、電話番号、法人ならば代表者の氏名	省令28条1項1号
連鎖販売業を行う者が統括者でない場合には、当該連鎖販売業を行う者の氏名（名称）、住所、電話番号、法人ならば代表者の氏名	省令28条1項2号
商品の種類、性能、品質に関する重要な事項（権利、役務の種類及びこれらの内容に関する重要な事項）	省令28条1項3号
商品名	省令28条1項4号
商品や権利の販売価格、引渡時期及び方法そのほかの販売条件に関する重要な事項（役務の対価や提供時期及び方法そのほかの提供条件に関する重要な事項）	省令28条1項5号
特定利益に関する事項	省令28条1項6号
特定負担の内容	省令28条1項7号
契約の解除の条件そのほかの契約に関する重要な事項（クーリング・オフ及び、中途解約等の契約解除に関する事項など）	省令28条1項8号
割賦販売法に基づく抗弁権の接続に関する事項	省令28条1項9号
法34条に規定する禁止行為に関する事項（勧誘の際及び解除を妨げる行為として禁止されている事項など）	省令28条1項10号

＊書面の字の大きさは8ポイント（官報の字の大きさ）以上でなければならない。
　また、赤枠の中に赤字で、書面をよく読むべき旨を記載しなければならない。

表14　連鎖販売取引　契約書面記載事項（法37条2項）

記載事項	根拠
商品の種類、性能、品質に関する事項（権利、役務の種類及びこれらの内容に関する事項）	法37条2項1号
商品の再販売、受託販売、販売のあっせん（同種役務の提供、役務の提供のあっせん）についての条件に関する事項	法37条2項2号
特定負担に関する事項	法37条2項3号
連鎖販売契約の解除に関する事項（クーリング・オフ及び、中途解約等の契約解除に関する事項など）	法37条2項4号
統括者の氏名（名称）、住所、電話番号、法人ならば代表者の氏名	省令29条1号
連鎖販売業を行う者が統括者でない場合には、当該連鎖販売業を行う者の氏名（名称）、住所、電話番号、法人ならば代表者の氏名	省令29条2号
契約年月日	省令29条3号
商標、商号そのほか特定の表示に関する事項	省令29条4号
特定利益に関する事項	省令29条5号
特定負担以外の義務についての定めがあるときには、その内容	省令29条6号
割賦販売法に基づく抗弁権の接続に関する事項	省令29条7号
法34条に規定する禁止行為に関する事項（勧誘の際及び解除を妨げる行為として禁止されている事項など）	省令29条8号

＊書面の字の大きさは8ポイント（官報の字の大きさ）以上でなければならない。
　また、赤枠の中に赤字で、書面をよく読むべき旨およびクーリング・オフの事項について記載しなければならない。

ては、省令で極めて具体的かつ詳細に定められているので、留意する必要がある（省令29条、30条）。

4. 民事ルール

（1）クーリング・オフ制度

　連鎖販売取引を締結した消費者が契約をやめたいと考えた場合に、最も活用しやすく、かつ効果的な解決方法である。連鎖販売取引には、20日間のクーリング・オフ制度（法40条）がある。クーリング・オフ期間の起算日は、原則として、法37条2項に定めた記載事項がすべて正しく記載された契約書面を契約締結後に交付された日である。この制度の趣旨は、契約が成立したことおよび契約内容について、事業者が消費者に書面を交付するという方法によって開示した日を1日目として20日間の熟慮期間を確保するものである。交付時期、記載事項を厳格に解釈すべきことは、書面交付義務で指摘した。

　なお、例外として、契約して一般連鎖販売業者となった者が「再販売」をする立場となる場合には、契約書面を受け取った日よりも、再販売するために購入した商品の引渡しを受けた日が遅い場合には、商品を受け取った日を1日目として20日間と計算する。「再販売」とは、販売員が商品を購入し、その商品を自分の下の会員などと直接売買契約を締結して販売する形態を指す。

　事業者（統括者、勧誘者、一般連鎖販売業者）が消費者に対して、重要事項についての不実の告知をして誤認させ、または威迫して困惑させてクーリング・オフを妨害した場合にも、クーリング・オフ期間は延長される。法定の契約書面が交付された日から起算して20日を経過していてもクーリング・オフができるわけである。この場合には、事業者が改めて「この書面を受け取った日から起算して20日間はクーリング・オフができる」こと、および契約内容や事業者について記載した書面（いわゆる「再交付書面」）を交付した日から起算して20日を経過するまではクーリング・オフができる。クーリング・オフ期間内に解除

表15　連鎖販売取引　取消事由（法40条の3）

重要事項		統括者・勧誘者 (法40条の3第1項1号・2号)		一般連鎖販売業者 (法40条の3第1項3号)	
		不実告知	故意の事実不告知	不実告知	故意の事実不告知
法34条1項1号 省令24条の2	商品の種類及びその性能若しくは品質又は施設を利用し若しくは役務の提供を受ける権利若しくは役務の種類及びこれらの内容、商品の効能、商品の商標又は製造者名、商品の販売数量、役務又は権利に係る役務の効果	○	○	○	×
法34条1項2号	当該連鎖販売取引に伴う特定負担に関する事項	○	○	○	×
法34条1項3号	当該契約の解除に関する事項（クーリング・オフ及び中途解約に関する事項を含む）	○	○	○	×
法34条1項4号	その連鎖販売業に係る特定利益に関する事項	○	○	○	×
法34条1項5号	前各号に掲げるもののほか、その連鎖販売業に関する事項であつて、連鎖販売取引の相手方の判断に影響を及ぼすこととなる重要なもの	○	○	○	×

通知を書面により発信すれば、契約は最初にさかの
ぼって解消される。事業者は、解除に伴う損害賠
償または違約金の支払いを請求することはできない。
解除の前に商品の引渡しがされている場合には、引
取りに要する費用は事業者の負担であるが、消費者
が、引き渡された商品の使用または消費により利益を
得ている場合は、事業者は使用利益相当額を請求
できる。既に提供した役務の対価についても同様で
ある。以上の定めに反して、消費者に不利な特約
は無効である。例えば、消費者に「絶対クーリング・
オフしませんので、契約させてください」などという念
書をとっていたような場合であっても無効であり、消費
者はクーリング・オフをすることができる。

（2）取消制度

　クーリング・オフ期間が経過している場合でも、契
約の際の勧誘方法に問題があり、取消事由がある
場合には、契約を取り消すことができる（法40条の
3）。特商法による場合、取消しができるのは、勧誘
の際に重要事項について不実の告知があり誤認して
契約をした場合と、重要事項について故意に告げら
れなかったために誤認して契約した場合である。こ
の場合の重要事項は、**表15**のとおりである。特定
負担、特定利益が重要事項であるのは当然として、

取り扱っている商品や役務に関することも重要事項で
ある。
　取消期間は追認できるときから1年間である。ただ
し、最長でも契約を締結したときから5年間である。
取り消した場合には、契約当事者双方が原状回復
義務を負うことになるが、消費者は現に利益を受け
た限度で返還すればよい（法40条の3第2項、9条
の3第5項）。

（3）中途解約制度

　連鎖販売取引の場合には、販売員（連鎖販売
加入者）をいつでも辞めることができる中途解約の制
度（法40条の2）がある。これは、いったん販売員
になると、辞めたくても辞めさせてもらえず、勧誘活
動を行って組織を広げるように圧力をかけられるという
被害が少なくなかったために導入された。さらに、連
鎖販売取引に関して商品を購入している場合には、
次の条件の下に商品の売買契約も解除できる、一
種の返品制度を定めている（**図3**）。

①新規に販売員となる契約を締結した日から解除まで
　1年を経過していないこと
②商品の引渡しを受けた日から解除まで90日を経過
　していないこと
③商品を再販売、使用、消費、消費者の責任で滅失・

図3　連鎖販売取引　返品制度

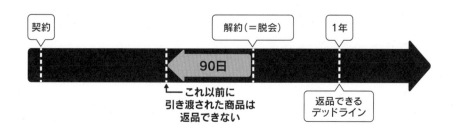

毀
損していないこと

特定負担としての購入商品も対象になる。これらの定めについて消費者に不利な特約は無効である。

なお、商品については、売買契約の日ではなく、引渡しの日を基準にする点に注意する必要がある。売買契約は解除の日から90日以上さかのぼった以前であっても商品の引渡しがなされていないままであったり、引き渡された日から起算して90日を経過していなければ、返品ができることとなる。この場合には、事業者は、解除に伴う違約金等は売買代金の10分の1を上限とし、これに対する法定利率を付加した額までしか請求することができない。

法定利率は、債権の発生時期によって異なるので注意が必要である。2020年4月より前に債権が発生している場合には、商事法定利率の年6%であるが、2020年4月以降に発生した債権の場合には、年3%である。改正民法では、法定利率について変動金利制に改正され、3年ごとに見直しされることになっているので、債権発生時の法定利率を法務省令で確認する必要がある。

中途解約に基づき返金を求める場合には、中途解約の通知が相手方に到達したときが、債権の発生時期になる。

消費者に商品を販売した契約の当事者が統括者ではない場合には、事業者が返還すべき債務は統括者も連帯して債務を負担する義務を負う（法40条の2第5項）。消費者は、売買契約の相手方である事業者と統括者の双方に返金を請求する権利があるわけである。

第6章　特定継続的役務提供

1. 特定継続的役務提供とは

（1）はじめに

　特定継続的役務提供とは、継続的なサービス取引であって政令で指定したものを規制しているものである。

　1980年代以降サービス化が進み、消費生活でも消費者が対価を支払ってサービスを利用するタイプの契約を利用することが日常化した。さらに、個別クレジット会社が継続的なサービス取引にも信用を供与するようになったことから、事業者は継続的なサービス取引を一括して契約させ、将来提供するサービスの対価をまとめて一括払いさせる契約をさせることが日常化していった。高額な対価を一括して支払うことができない消費者に対しては、分割方式の個別クレジット契約を勧め、「一括支払いできなくても大丈夫。毎月支払えばいいのだから。月々これくらいの支払いだったらできるはず」「月謝と同じだから」などと説明して個別クレジット契約を締結させた。このような説明を受けて「月謝と同じ」という認識で多くの消費者は、継続的サービスの契約を利用していた。

　しかし、継続的サービス取引は、月謝払いとは異なる契約であり、事業者にとっては有利である半面、消費者には多くのデメリットがある取引であった。このビジネスモデルでは、サービス提供業者にとっては、将来提供することになっている役務の対価をあらかじめ前もって得ることができるため、これを事業資金として活用できるというメリットがある。つまり、資金力の乏しい事業者にとって魅力的なビジネスモデルである

といえる。事業者は、消費者から前払いで支払われた資金を、多額の広告料として投入して広告を打つことができるし、事業所の賃貸料を支払ったり、備品の購入や人件費に充てることができる。

　そのために、継続的サービス取引では、契約条項のなかに、消費者による中途解約を認めない特約条項を設けたり、中途解約をした場合であっても、いったん支払われた対価の返還を一切しないとする特約を盛り込んだものが少なくなかった。

　しかし、消費者にとっては、サービスを利用してみたら自分の期待していたものとは違っていたとか、事情が変わって利用することができなくなる場合もあり、このような特約は不合理なものであると感じられることも多く、苦情が多発することとなった。さらには、事業者の倒産も多発し、その倒産リスクを消費者が負担することになるうえ、中途解約の場合に事業者にのみ一方的に有利な特約が日常化する、という問題が発生していたことから、特商法により規制されることとなった。

　政令は、過去に消費生活センター等に多数の消費者苦情が寄せられ社会問題となったものを特定継続的役務として指定している。

　なお、特定継続的役務として指定されている役務が、訪問販売・通信販売・電話勧誘販売により締結された場合には、特定継続的役務提供の規制に加え、これらの規制も及ぶ。したがって、例えば、訪問販売による場合は、特商法の訪問販売の規制の適用があり、違反があれば訪問販売の規制を根拠に処罰や行政処分の対象になる。

（2）定義

　法41条1項では「この章……略……において『特定継続的役務提供』とは、次に掲げるものをいう」として「役務提供事業者が、特定継続的役務をそれぞれの特定継続的役務ごとに政令で定める期間を超える期間にわたり提供することを約し、相手方がこれに応じて政令で定める金額を超える金銭を支払うことを約する契約（特定継続的役務提供契約）を締結して行う特定継続的役務の提供」（1号）であるか「販売業者が、特定継続的役務の提供（前号の政令で定める期間を超える期間にわたり提供するものに限る。）を受ける権利を同号の政令で定める金額を超える金銭を受け取つて販売する契約（特定権利販売契約）を締結して行う特定継続的役務の提供を受ける権利の販売」（2号）であると定めている。

　そして、法41条2項において「この章……略……において『特定継続的役務』とは、国民の日常生活に係る取引において有償で継続的に提供される役務であつて、次の各号のいずれにも該当するものとして、政令で定めるものをいう」として「役務の提供を受ける者の身体の美化又は知識若しくは技能の向上その他のその者の心身又は身上に関する目的を実現させることをもつて誘引が行われるもの」（1号）であって「役務の性質上、前号に規定する目的が実現するかどうかが確実でないもの」（2号）であると定めている。

　役務については政令で、いわゆるエステティックサロン、美容医療、家庭教師、学習塾（学習指導）、語学教室、パソコン教室、結婚相手紹介サービスの7種類を指定している。契約金額については、一律「5万円を超えるもの」（関連商品の価格も含む合計額）と定めている（政令11条2項）。契約期間については、エステティックサロンと美容医療は1カ月を超えるもの、その他の役務は2カ月を超えるものを対象としている（政令11条1項）。これを整理すると、政令指定役務一覧（**表16**）のとおりである。

　なお、美容医療については、政令で「人の皮膚を清潔にし若しくは美化し、体型を整え、体重を減じ、又は歯牙を漂白するための医学的処置、手術及びその他の治療を行うこと（美容を目的とするものであつて、主務省令で定める方法によるものに限る。）。」（政令別表第四）と定めたうえで、さらに主務省令（省令31条の4）で期待される効果と方法について限定している点に注意が必要である（**表17**）。

　期間が2種類に分かれているのは、エステティックサロンや美容医療でのサービス内容は、美顔・全身美容・脱毛・瘦身などであり、継続的サービスとして日常化する以前は、美容院やクリニック（医療機関）などで「その都度払い」で利用されていたものであるのに対し、そのほかの役務は従来は「月謝制度」により利用されることが通常だったことから、どの程度の長さであれば「継続的」ととらえるべきか、という視点での違いがあったものではないかと推測され、またそれなりの合理性もあるように思われる。なお、無料期間が設けられている場合は、それも含めた期間で判断することとなる。

　契約金額は、役務の対価のみを意味するものではなく、関連商品（役務の提供の際に購入する必要がある商品として政令で定める商品）を購入している場合には関連商品の対価も含めた合計金額である。特定継続的役務提供では、「役務の提供のために必要である」とか「契約する場合には同時に購入する必要がある」などとの説明や契約時の事実上の圧力などで、役務に関する契約だけでなく商品も一緒に契約させるケースが少なくない。このような商品の購入契約も、消費者にとっては役務提供契約を締結するから購入するものであって、商品のみであれば単独で

契約する必要も意図もないことが通常である。そこで、特商法では、役務提供契約と関連商品の売買契約とを一体の契約として取り扱うものとした。

　したがって、例えば、役務提供契約の対価は4万円など5万円に満たない金額に設定されているものの、関連商品の売買代金を合計すると5万円を超える場合には、特定継続的役務提供としての規制対象となる。

表16　政令指定役務一覧（法41条、政令11条・12条 別表第四）

政令12条	政令11条1項	政令11条2項
特定継続的役務	特定継続的役務提供の期間	契約金額
一　人の皮膚を清潔にし若しくは美化し、体型を整え、又は体重を減ずるための施術を行うこと（二の項に掲げるものを除く。）。	1月	
二　人の皮膚を清潔にし若しくは美化し、体型を整え、体重を減じ、又は歯牙を漂白するための医学的処置、手術及びその他の治療を行うこと（美容を目的とするものであつて、主務省令で定める方法によるものに限る。）。	1月	
三　語学の教授（学校教育法（昭和二十二年法律第二十六号）第一条に規定する学校、同法第百二十四条に規定する専修学校若しくは同法第百三十四条第一項に規定する各種学校の入学者を選抜するための学力試験に備えるため又は同法第一条に規定する学校（大学を除く。）における教育の補習のための学力の教授に該当するものを除く。）	2月	5万円を超えること
四　学校教育法第一条に規定する学校（幼稚園及び小学校を除く。）、同法第百二十四条に規定する専修学校若しくは同法第百三十四条第一項に規定する各種学校の入学者を選抜するための学力試験（義務教育学校にあつては、後期課程に係るものに限る。五の項において「入学試験」という。）に備えるため又は学校教育（同法第一条に規定する学校（幼稚園及び大学を除く。）における教育をいう。同項において同じ。）の補習のための学力の教授（同項に規定する場所以外の場所において提供されるものに限る。）	2月	
五　入学試験に備えるため又は学校教育の補習のための学校教育法第一条に規定する学校（幼稚園及び大学を除く。）の児童、生徒又は学生を対象とした学力の教授（役務提供事業者の事業所その他の役務提供事業者が当該役務提供のために用意する場所において提供されるものに限る。）	2月	
六　電子計算機又はワードプロセッサーの操作に関する知識又は技術の教授	2月	
七　結婚を希望する者への異性の紹介	2月	

表17　政令別表第四の二の項で定める方法（省令31条の4）

一	脱毛　光の照射又は針を通じて電気を流すことによる方法
二	にきび、しみ、そばかす、ほくろ、入れ墨その他の皮膚に付着しているものの除去又は皮膚の活性化　光若しくは音波の照射、薬剤の使用又は機器を用いた刺激による方法
三	皮膚のしわ又はたるみの症状の軽減　薬剤の使用又は糸の挿入による方法
四	脂肪の減少　光若しくは音波の照射、薬剤の使用又は機器を用いた刺激による方法
五	歯牙の漂白　歯牙の漂白剤の塗布による方法

（3）関連商品

　関連商品については、サービスごとに政令で指定されている（法48条2項、政令14条）（**表18**）。指定されているものは、過去にそれぞれの特定継続的役務において抱き合わせで購入させる実態があったものである。なお、この関連商品については、クーリング・オフの際に、一体として解除できるものとするとともに、取消事由があって取消しをする場合、中途解約をする場合なども、役務提供契約と一体として取り扱うことができることとなっている点が大きなポイントとなっている。

48条）　②中途解約制度（法49条）　③契約の勧誘の際に不実告知や故意の事実不告知があったために消費者が誤認して契約した場合の、契約の申込みまたはその承諾の意思表示の取消制度（法49条の2）の3種類である。

　基本的には、特商法のほかの取引に関する規制と同様に「取引に関する重要な情報については、事業者に対して消費者に情報を開示するよう義務づけ、消費者が、それに基づいて適切な選択をすることができるようにする」ことを目的とする考え方に基づく視点からの制度となっている。

■ 2. 規制の概要

　規制の内容は、取引を適正化して消費者被害を防止することを目的とする行政規制と、消費者被害の救済を図るための民事ルールの2種類がある。整理すると、以下のとおりである。

　行政規制としては、①書面交付義務（法42条）②誇大広告の禁止（法43条）　③禁止行為（法44条）　④書類の閲覧等（法45条）と、⑤これらに違反があった場合の行政処分・罰則が定められている（**参考資料95、100ページ**）。

　民事ルールとしては、①クーリング・オフ制度（法

■ 3. 行政規制

（1）誇大広告の禁止

　広告は、事業者による消費者に対する情報提供の一種であることから、誇大広告等を禁止している（法43条）。どのような取引方法によって契約が締結された場合であっても特定継続的役務提供の規制が及ぶこととなっている。したがって、通信販売で特定継続的役務提供についての取引を行う場合には通信販売と特定継続的役務提供における広告規制の双方が適用される。

　法43条では「役務提供事業者又は販売業者は、

表18　関連商品として政令で指定されているもの（法48条2項、政令14条 別表第五）

エステティックサロン	美容医療	語学教室、家庭教師、学習塾	パソコン教室	結婚相手紹介サービス
●健康食品、栄養補助剤など ●化粧品、石けん（医薬品を除く）及び浴用剤 ●下着 ●美顔器、脱毛器など	●健康食品、栄養補助剤など ●化粧品 ●マウスピース（歯牙の漂白のために用いられるものに限る）及び歯牙の漂白剤 ●美容を目的とした商品として販売等を行った医薬品及び医薬部外品	●書籍（教材を含む） ●USB、SDカード、カセット・テープ、ビデオ・テープ、CD、CD-ROM、DVDなど ●ファクシミリ機器、テレビ電話	●電子計算機及びワードプロセッサー並びにこれらの部品及び附属品 ●書籍 ●USB、SDカード、カセット・テープ、ビデオ・テープ、CD、CD-ROM、DVDなど	●真珠並びに貴石及び半貴石 ●指輪その他の装身具

特定継続的役務提供をする場合の特定継続的役務の提供条件又は特定継続的役務の提供を受ける権利の販売条件について広告をするときは、当該特定継続的役務の内容又は効果その他の主務省令で定める事項について、著しく事実に相違する表示をし、又は実際のものよりも著しく優良であり、若しくは有利であると人を誤認させるような表示をしてはならない。」と定めている。

省令37条において、次の事項についての誇大広告等をすることを禁止している。

　一　役務又は権利の種類又は内容
　二　役務の効果又は目的
　三　役務若しくは権利、役務提供事業者若しくは販売業者又は役務提供事業者若しくは販売業者の行う事業についての国、地方公共団体、著名な法人その他の団体又は著名な個人の関与
　四　役務の対価又は権利の販売価格
　五　役務の対価又は権利の代金の支払の時期及び方法
　六　役務の提供期間
　七　役務提供事業者又は販売業者の氏名又は名称、住所及び電話番号
　八　第四号に定める金銭以外の特定継続的役務提供受領者等の負担すべき金銭があるときは、その名目及びその額

（2）書面交付義務

特定継続的役務提供は、取引内容が長期間にわたるものであって契約内容が複雑で分かりにくいうえに、途中で事業者の倒産などの経済的リスクもある。そこで、事業者に対して、契約を締結する前に「取引の概要について記載した書面」を交付するこ

とを義務づける（法42条1項）とともに、契約を締結したときは、遅滞なく「契約の内容を記載した書面」を交付すべきことを義務づけた（法42条2項）。この2段階の書面交付義務は連鎖販売取引や業務提供誘引販売取引と同様の制度設計となっている。前者の書面がいわゆる「概要書面」であり、後者の書面がいわゆる「契約書面」である。

訪問販売・電話勧誘販売・訪問購入の場合には、消費者から申込みを受け付けた場合には申込内容を明らかにした書面を、契約を締結した場合には契約内容を明らかにした書面の交付を義務づける、という2段階となっており、この3つの取引とは異なる制度設計となっている点に留意する必要がある。

したがって、民事ルールの部分のクーリング・オフの起算日が、訪問販売・電話勧誘販売・訪問購入の場合には、「申込みの撤回又は契約の解除」に関する事項について記載された書面の交付日とされているが、特定継続的役務提供では「契約の解除」に関する事項について記載された書面の交付日となっている点に注意する必要がある。この点については、クーリング・オフを取り上げる部分で再度説明する。

概要書面は、契約をするかどうかを消費者が最終的に選択する際の情報提供として義務づけられているものである。概要書面の記載事項は、**表19**のとおりである。概要書面の記載事項は、あくまでも取引の概要の記載であるので、一般的な記述で構わないと考えられる。

契約が締結された場合には、実際に契約した内容について個別具体的な内容を記載した契約書面を交付する義務がある。この書面は、契約が成立したこと、および締結された契約内容を示したものであることを消費者に知らしめるための重要なものであるので、契約が締結された後に交付する必要がある。契約締結前に交付することで代替できるものではないという点に注

意する必要がある。消費者が、契約書面を受け取った時期にも注意する必要があるということである。

　契約書面の記載事項は、**表20**のとおりである。この場合には、消費者が締結した契約の具体的な内容が明記されている必要があるので、概要書面のような一般的な記述では足りない点に留意してほしい。記載事項は省令で極めて具体的かつ詳細に定められているので、留意する必要がある（省令33条、34条）。「役務の対価その他の消費者が支払わなければならない金銭」については、入学金、入会金、授業料その他の役務の対価、施設整備費、入学又は入会のための試験にかかる検定料、役務の提供に際し役務の提供を受ける者が購入する必要のあ

る商品の価格その他の費目ごとの明細およびその合計の記載が義務づけられている（省令34条1項）。

　さらに、関連商品については、概要書面・契約書面のいずれにも記載すべきことが義務づけられているので、注意する必要がある。事業者の中には、「推奨品に過ぎないものであり、関連商品ではない」と主張する場合もあるが、関連商品に該当するかどうかは事業者が任意に選択できるものではなく、取引の客

表19　特定継続的役務提供　概要書面記載事項（法42条1項）

事業者の氏名（名称）、住所、電話番号、法人ならば代表者の氏名	省令32条1項1号イ
役務の内容	省令32条1項1号ロ
購入が必要な商品（関連商品）がある場合にはその商品名、種類、数量	省令32条1項1号ハ
役務の対価、そのほか支払わなければならない金銭の概算額	省令32条1項1号ニ
上記の金銭の支払時期、方法	省令32条1項1号ホ
役務の提供期間	省令32条1項1号ヘ
クーリング・オフに関する事項	省令32条1項1号ト
中途解約に関する事項	省令32条1項1号チ
割賦販売法に基づく抗弁権の接続に関する事項	省令32条1項1号リ
前受金の保全措置の有無、その内容	省令32条1項1号ヌ
特約があるときには、その内容	省令32条1項1号ル

＊書面の字の大きさは8ポイント（官報の字の大きさ）以上でなければならない。
　また、赤枠の中に赤字で、書面をよく読むべき旨を記載しなければならない。
＊権利を契約する際の書面記載事項は、前受金の保全に関する事項以外はほぼ同一である（法42条1項および省令32条1項2号）。

表20　特定継続的役務提供　契約書面記載事項（法42条2項）

役務の内容、購入が必要な商品（関連商品）がある場合にはその商品名	法42条2項1号 省令33条1項
役務の対価、そのほか支払わなければならない金銭の額	法42条2項2号
上記の金銭の支払時期、方法	法42条2項3号
役務の提供期間	法42条2項4号
クーリング・オフに関する事項	法42条2項5号
中途解約に関する事項	法42条2項6号
事業者の氏名（名称）、住所、電話番号、法人ならば代表者の氏名	省令33条2項1号
契約の締結を担当した者の氏名	省令33条2項2号
契約の締結の年月日	省令33条2項3号
購入が必要な商品（関連商品）がある場合には、その種類、数量	省令33条2項4号
割賦販売法に基づく抗弁権の接続に関する事項	省令33条2項5号
前受金の保全措置の有無、その内容	省令33条2項6号
購入が必要な商品（関連商品）がある場合には、その商品を販売する事業者の氏名（名称）、住所、電話番号、法人ならば代表者の氏名	省令33条2項7号
特約があるときには、その内容	省令33条2項8号

＊書面の字の大きさは8ポイント（官報の字の大きさ）以上でなければならない。
　また、赤枠の中に赤字で、書面をよく読むべき旨およびクーリング・オフの事項について記載しなければならない。
＊権利を契約した際の書面記載事項は前受金の保全に関する事項を除きほぼ同一である（法42条3項および省令35条、36条）。

観的な状況から判断されるものである。①商品販売時に当該商品の購入が必要である旨の説明があった場合　②説明はないが、実質的に商品と役務が一体であると判断される場合は、関連商品と判断される。客観的に関連商品と評価されるべき商品の売買について書面に記載されていない場合には、交付された書面に不備があるとして評価されることとなる。

4. 民事ルール

（1）はじめに

　民事ルールとしては、クーリング・オフ制度、取消制度、中途解約制度の3種類が定められている。3種類の制度の違いは表21のとおりである。

　クーリング・オフ制度（法48条）は、契約を締結した後でも一定期間内であれば無条件で契約を解除することができる。

　理由は不必要であり、清算ルールも特商法で厳格かつ明確に定められているため、消費者にとって明快である。

　取消制度（法49条の2）は、勧誘の際の事業者による説明内容に問題があり消費者が誤認して契約した事情がある場合には、消費者が契約を取り消すことにより解消できるとしたものである。

　中途解約制度（法49条）は、契約の締結には問題はない場合でも消費者が契約をやめたいと思った場合には、将来に向かって契約を解除できるとした制度である。理由は問わない。この場合には、中途解約による清算に関する規制も定め、事業者による法外な違約金などを制限している。

（2）クーリング・オフ制度

　特定継続的役務提供契約、特定権利販売契約を締結した場合であっても、法律で決められた記載事項がすべて正しく記載された契約書面を受け取った日から数えて8日間以内であれば、理由を問わず、消費者は契約を解除することができる（クーリング・オフ制度）（法48条）。

　特定継続的役務提供は、長期間にわたる複雑な内容の契約であるために消費者にとって取引内容が分かりにくい。また、事業者の倒産などもあって、消費者にとってはリスクの高い取引である。

　そこで、契約を締結した後に、契約内容で重要な事項を記載した契約書面を交付する方法によって、取引内容を開示するよう事業者に義務づけるとともに、情報開示の時点から8日間の熟慮期間を定めた。消費者は、契約後も、渡された契約書面に基づいてじっくり検討できる期間が8日間は保証されているわけである。

　クーリング・オフ期間は、法定の契約書面を受け

表21　契約をやめることができる制度の比較

	理由	期間	関連商品	条文
クーリング・オフ制度	不必要	法定書面（契約書面）を受け取った日から起算して8日間	解除可能（政令で指定された消耗品を自らの意思で開封や使用または消費した場合を除く）	法48条
取消制度	取消事由があること	追認できるときから1年間、最長でも契約締結から5年間	中途解約に準じる	法49条の2
中途解約制度	不必要	契約期間内	法定上限額までの損害賠償額を支払う	法49条

取った日を1日目として計算する（初日算入）。

したがって、消費者が契約書面をもらっていない場合や、渡された契約書面の記載内容が法律で定められた事項について記載されていない事項がある場合、事実と異なる記載がされている場合には、クーリング・オフの起算日が到来していないことになる。すなわち、書面を受け取ってから8日を過ぎていてもクーリング・オフができることとなる。

また、事業者が事実と異なる説明をして誤認させてクーリング・オフをさせなかったり、威迫して困惑させてクーリング・オフをさせなかった場合にも（クーリング・オフ妨害）、クーリング・オフ期間は延びることになっている。

クーリング・オフ妨害行為によってクーリング・オフ期間が延びた場合には、事業者が、改めて「クーリング・オフ妨害行為を行ったためにまだクーリング・オフができること」「クーリング・オフは当該書面を受け取ってから8日間であること」、契約を特定するために必要な事項、担当者の氏名などを記載した書面（いわゆる「再交付書面」）を消費者に交付し、消費者が、これを受け取った日から8日を経過するまではクーリング・オフができるものとされている。事業者は、消費者が再交付書面を見ていることを確認したうえで、これから8日間経過するまではクーリング・オフできることを口頭で告げる必要がある（省令39条の2の2第5項）。このようにして交付されなかった場合には、再交付書面の交付から8日間経過した場合であっても消費者は依然としてクーリング・オフをすることができる。

クーリング・オフ制度の適用は、役務提供契約だけでなく、役務とともに関連商品の購入をしている場合には、関連商品にも及ぶ。

消費者が、役務は解除したいが、商品は欲しいと考えるような特殊な場合には、関連商品はクーリング・オフをしない選択をすることもできるが、原則とし

て役務とともに商品の購入もクーリング・オフができることとなっている点に、特定継続的役務提供と関連商品の特殊性がある。

このような制度が導入されたのは、役務提供契約のみをクーリング・オフできるとした場合には、役務提供契約の際に高額な商品の販売契約をさせておけば、消費者からクーリング・オフの行使がなされた場合であっても、高額商品は売りつけることができるという結果を避けるためである。

消費者は、役務の契約をしなければ商品を購入することもなかったわけであり、クーリング・オフをしても不必要な高額商品の購入は強いられる結果になる、というのでは消費者にとっての不利益は解消されない。

そこで、関連商品という制度を導入することによって、役務提供契約の際に抱き合わせで購入させた関連商品については、役務提供契約と一体のものとして取り扱うこととしたわけである。

クーリング・オフは、事業者に対して書面で行う。具体的には、はがきを特定記録郵便で送付する方法が最も手軽である。その際にははがきの両面のコピーを取り、保管しておく。

関連商品を購入している場合には、関連商品もクーリング・オフすることを明記する。関連商品の販売業者が、役務提供事業者とは別の事業者である場合には、販売業者にもクーリング・オフの通知を出す。

なお、関連商品名、種類および数量は、概要書面と契約書面の双方の記載事項である。関連商品を販売しているにもかかわらず、契約書面には記載されていない場合、事業者が「推奨品であって、関連商品ではない」と主張する場合には（こういう場合、契約書面には関連商品の記載はされていない）、法定書面の交付がなされていないこととなるため、8日を経過していても、クーリング・オフをすること

ができる。関連商品の確認は、クーリング・オフ期間
の計算方法などとも関連する重要な事項であるので、
留意されたい。

　関連商品には、政令指定消耗品制度がある。消
耗品として指定されているのは、エステティックの関
連商品として指定されている商品のうち「健康食品、
栄養補助剤など」「化粧品、石けん（医薬品を除く）
及び浴用剤」の2種類と美容医療に関する関連商
品のすべてである（**表18**、政令14条2項）。政令
で消耗品として指定されている商品を消費者が自分
の判断で使用した場合には、消費者が法律で定め
られた契約書面を受け取っていれば、クーリング・オ
フ期間内であっても、使用した商品の通常の小売り
最小単位でクーリング・オフができなくなる。つまり、
使用した商品単位で購入することとなる。未使用の
商品はクーリング・オフできるのは当然である。

　契約書面に上記の内容（関連商品を自分の判断
で使用した場合はクーリング・オフできないことなど）
が記載されていない場合には、契約書面に不備が
あることになるので、そもそもクーリング・オフ期間の
起算日が到来しないことになり、政令指定消耗品を
使用した場合であっても、クーリング・オフができる。

　クーリング・オフを行った場合、消費者が既に商品
もしくは権利を受け取っている場合には、事業者の
負担によって、その商品を引き取ってもらうことおよび
権利を返還することになる。

　役務が既に提供されている場合でも、消費者はそ
の対価を支払う必要はなく、事業者は利用料を請求
することはできない。

　事業者は、クーリング・オフを行った消費者に対し
て、損害賠償や違約金を請求することはできない。
既に頭金など対価を支払っている場合には、事業者
は、消費者に対して、速やかにその金額すべてを
返還しなければならない。

（3）取消制度

　法44条では、特定継続的役務提供における、以
下のような不当な行為を禁止している。
①契約の締結について勧誘を行う際、または締結後、
　その解除を妨げるために、事実と違うことを告げる
　こと
②契約の締結について勧誘を行う際、故意に事実
　を告げないこと
③契約の締結について勧誘を行う際、または締結後、
　その解除を妨げるために、威迫して困惑させること
　併せて、事業者が勧誘を行う際に①および②の
違反行為を行い、その結果、消費者が誤認して契
約をした場合には、追認できるときから1年間契約を
取り消すことができる（法49条の2）。

　追認できるときとは、改正民法によれば、「取消事
由がやんだ後であり、かつ取り消すことができることを
知ったとき」である。ただし、取消しができる期間は、
最長でも契約締結から5年間である。

　つまり、消費者が、説明内容が事実と違うことに
気づかないままに年月が経過してしまい、5年間が経
過してしまった場合には、その後に消費者が誤認の
事実に気がついたとしても取り消すことはできないとい
うことである。

　役務提供契約を取り消した場合の清算方法は、
消費者が現に利益を受ける限度で返還すればよい
（法49条の2第2項、9条の3第5項）。関連商品の
購入契約については、中途解約の規定が準用され、
解除できる。

　取消事由は**表22**のとおりである。

（4）中途解約制度

　クーリング・オフ期間が経過し、取消事由がない
かあるいははっきりしない場合でも、消費者は、契約
期間内であれば中途解約をすることができる（法49

条）。中途解約とは、解約通知を相手方事業者が受け取ってから、将来に向かって契約が解消される制度である。この点、最初にさかのぼって契約が解消されるクーリング・オフ制度とは異なる。

中途解約には理由は必要ない。サービスの内容や質が自分に合わない、期待と違う、効果に納得がいかない、サービス提供者と性格的に合わない、引っ越しや転勤、多忙、などさまざまな事情が考えられるが、純粋に消費者の自己都合であっても中途解約できる。

中途解約する場合には、関連商品もまとめて中途解約ができる。

清算は、契約書面の記載に従って利用済み役務の対価と法律による上限以内で事業者が定めた違約金や解約手数料などとの合計額が消費者の負担額となる（**表23**）。実際に提供された役務の対価のほかに、入会金や入学金など役務提供開始時に発生する初期費用についても、合理的な範囲に限って利用済み役務の対価に含めることができる。その場合は、契約書面でその旨を明示しておくことが望ましいとされている。

支払い過ぎている金銭は返還してもらい、足りない場合には、不足金額を追加して支払う。

利用済み役務の清算単価は、契約時単価が上限となる。それより高い清算単価は無効である。

表22　特定継続的役務提供　取消事由（法49条の2）

	重要事項	不実告知 （法44条1項）	故意の事実不告知 （法44条2項）
法44条1項1号	役務又は役務の提供を受ける権利の種類及びこれらの内容又は効果（権利の場合にあつては、当該権利に係る役務の効果）その他これらに類するものとして主務省令で定める事項	○	○
法44条1項2号 省令37条の2	関連商品（役務の提供又は権利の行使による役務の提供に際し当該役務の提供を受ける者又は当該権利の購入者が購入する必要のある商品）がある場合には、その商品の種類及びその性能又は品質、商品の効能、商品の商標又は製造者名、商品の販売数量、商品の必要数量	○	○
法44条1項3号	役務の対価又は権利の販売価格その他の役務の提供を受ける者又は役務の提供を受ける権利の購入者が支払わなければならない金銭の額	○	○
法44条1項4号	前号に掲げる金銭の支払の時期及び方法	○	○
法44条1項5号	役務の提供期間又は権利の行使により受けることができる役務の提供期間	○	○
法44条1項6号	当該特定継続的役務提供等契約の解除に関する事項（クーリング・オフ及び、中途解約に関する事項を含む）	○	○
法44条1項7号	顧客が当該特定継続的役務提供等契約の締結を必要とする事情に関する事項	○	×
法44条1項8号	前各号に掲げるもののほか、当該特定継続的役務提供等契約に関する事項であつて、顧客又は特定継続的役務の提供を受ける者若しくは特定継続的役務の提供を受ける権利の購入者の判断に影響を及ぼすこととなる重要なもの	○	×

＊法44条1項1号内「主務省令で定める事項」は、2020年10月時点で具体的な定めはない。

表23　中途解約の場合の清算時の上限額
（法49条2項）

契約の解除が役務提供開始前である場合	
契約の締結および履行のために通常要する費用の額として役務ごとに政令で定める以下の額【政令16条、別表第四】	
エステティックサロン	2万円
美容医療	2万円
語学教室	1万5000円
家庭教師	2万円
学習塾	1万1000円
パソコン教室	1万5000円
結婚相手紹介サービス	3万円

契約の解除が役務提供開始後である場合（aとbの合計額）	
a　提供された特定継続的役務の対価に相当する額	
b　当該特定継続的役務提供契約の解除によって通常生ずる損害の額として役務ごとに政令で定める以下の額【政令15条、別表第四】	
エステティックサロン	2万円又は契約残額*の10％に相当する額のいずれか低い額
美容医療	5万円又は契約残額の20％に相当する額のいずれか低い額
語学教室	5万円又は契約残額の20％に相当する額のいずれか低い額
家庭教師	5万円又は当該特定継続的役務提供契約における1カ月分の授業料相当額のいずれか低い額
学習塾	2万円又は当該特定継続的役務提供契約における1カ月分の授業料相当額のいずれか低い額
パソコン教室	5万円又は契約残額の20％に相当する額のいずれか低い額
結婚相手紹介サービス	2万円又は契約残額の20％に相当する額のいずれか低い額

*　「契約残額」とは、契約に関する役務の対価の総額から、既に提供された役務の対価に相当する額を差し引いた額のこと。

5. 事業者の倒産リスクと消費者保護

　2010年には英会話スクールのジオスが経営難に陥り自己破産した。ジオスは1974年創業で英会話スクールの老舗であったが、時代の変化に経営が付いていけなかったといわれている。

　ジオスの破綻以前にも、大手英会話スクールのNOVAの破産、大手エステサロン「エステdeミロード」の破産など、多くの倒産事例があり、その度に多数の消費者被害が発生した。

　事業者が経営破綻する度に、消費生活相談窓口には消費者からの苦情が殺到する。ジオスの破産の場合にも同様であった。苦情の内容としては、「契約して料金は支払い済みなのに、今まで通っていた教室でサービスを受けることができないのは納得できない。どうしても続けてサービスの提供をしてほしい」「サービスを受けることができないなら、返金してほしい。返金もできないし、サービスの提供もできないというのは、納得できない」「教室を引き継いだ業者が、引き続きサービスを提供すると言っているらしいが、中途解約による返金は認めないと言っている。これは納得できない。返金かサービスの利用か、消費者が選択できないのはおかしい」などが、典型的なものである。

　特定継続的役務提供が規制対象として追加されるに当たっては、この種の消費者被害が多発したためであるという背景事情があったことは既に述べた。こうした被害を防止するために、どのような消費者保護の制度を導入すべきかは、法律改正に当たって開催された審議会での大きなテーマであった。最も消費者保護に厚い制度としては、開業規制を設けて、消費者から前払いを受けた料金についての保全措置を法律の制度として導入するものである。例えば、割販法で規制している前払式特定取引（冠

婚葬祭互助会など）は、その典型例で、前払い金の2分の1が保全されるしくみとなっている。事業者が倒産した場合でも、消費者は、半額は返還してもらえることになっている。

　しかし、これまでの特商法改正では、最終的に、開業規制も前払い金の保全措置の法律制度化も見送られてきた。代わりに導入されたのが、①前払い金（前受け金）の保全措置の有無、保全措置がある場合にはその内容を概要書面と契約書面の記載事項とすること　②消費者に、事業者の帳簿類の閲覧権と謄本の請求権を与えること（謄写等の実費は消費者が負担する必要がある）、の2種類であった。

　この制度趣旨は、こういうことである。消費者が料金を前払いして、サービスを受け終わる前に事業者が経営破綻した場合には、以後、消費者はサービスの提供も前払い金の取戻しもできなくなる。これは、法律上の消費者の権利の有無以前に、破綻した事業者は、それができない状態になったために破綻したという事情によるものである。

　したがって、事業者の破綻によって被害を受けたくないと考える消費者のために、特商法では、前払い金の保全措置の有無を、事業者に情報開示させることにしたものである。消費者は、あらかじめ保全措置の有無とその内容を確認したうえで、選択できるという制度である。保全措置のない事業者と契約することにした場合には、消費者が自分で倒産リスクを負う選択肢を選んだということを意味する。

　さらに、5万円を超える前払いをした消費者は、事業者の財務帳簿や業務帳簿の閲覧などができる（法45条）ので、閲覧したうえで経営上の不安があると判断した場合には、中途解約すればよい。それによって倒産による被害を回避できることになる。

　このように、制度としては、消費者が倒産リスクを回避することができるように2段階にわたる制度設計をしたと説明されている。消費者が選択しない事業者は市場から淘汰されるという「市場原理」に委ねる、つまり消費者が倒産リスクを好まなければ、保全措置を採らない事業者は市場から淘汰されるし、消費者が倒産リスクを選択するなら保全措置を採らない事業者も生き延びることができるとする発想をとったわけである。

　しかし、実態としては、前払い金の保全措置の有無を契約の選択に当たり確認している消費者はほとんどいないし、契約締結後に帳簿の閲覧をして経営内容を確認している消費者は、皆無であろう。さらに、特定継続的役務提供業者が前払い金保全措置を採っているケースは、ほとんど見当たらない。結局、消費者は自分から倒産リスクの選択行動を採っているわけではないし、また、選択しようと思っても、事業者の倒産リスクを避けようとした場合には、このタイプのものは契約しないという選択肢しかないのが実情であり、立法化の際の発想は実情にそぐわず完全に破綻しているといえよう。

　そこで、大型倒産事件が起こる度に前払い金保全措置の法律義務化の必要性が指摘されることになる。これは、前払式取引と消費者保護に関連する将来的課題であるといえよう。

業務提供誘引販売取引

▌ 1. 業務提供誘引販売取引とは

（1）はじめに

業務提供誘引販売取引とは、いわゆる「内職商法」などのことである。「内職商法」とは、「内職」などの仕事を提供するので収入になると誘って、仕事をするために必要な道具や商品、仕事をするための技術やスキルを身につけるための通信講座や教材などを販売する商法を指す。

消費者は、収入を得るために契約をするが、併せて仕事をするうえで必要な道具・教材・技術等の習得講座の契約も締結しなければならない。事業者は、仕事の収入で支払えばよいと勧誘する。そこで、消費者は、仕事をするために、私生活では不必要な商品やサービスを購入することになる。

ところが、契約してみると期待したような仕事の提供がなく収入が十分得られないにもかかわらず、仕事をするために必要だと説明されて購入した商品やサービスの支払いはしなければならない。提供してもらえる仕事の内容や量、収入金額などについて事実と違う説明をされたり、契約を守ってもらえないという事態が起こる。

そこで、消費者が契約を解消しようとするが、事業者は商品・サービスの購入契約は仕事の提供に関する契約とは別の契約であると主張して、契約の解消を拒絶する。

結局、消費者は、収入が得られないどころか、本来であれば必要のない商品やサービスを契約させられるという被害にあうケースが多発したことから規制されることとなった。

民法上は、同じ事業者から業務を提供してもらう契約（業務提供契約）と、商品やサービスなどを購入する契約（売買契約など）とは別個の契約であると考えられており、業務提供契約を解消したことを理由に、当然に商品やサービス提供契約を解消できるわけではない。しかし、上記に指摘した本件契約の特殊性を踏まえれば、2つの契約を一体の契約として扱うことにより消費者を保護する必要があることから、特商法で規制することとなった経緯がある。

（2）典型的なケース

過去に消費者被害が多発したケースとしては、次の①～⑤のようなものがある。

契約のきっかけはさまざまで、求人広告を見て面接に行ったというもの、電話勧誘や訪問勧誘を受けたというもの、知り合いからの口コミによるもの、パソコン内職などでは「在宅ワーク」をインターネットで検索して資料を送付してもらい契約したというケースもある。最近では、SNSの情報がきっかけとなるケースも少なくない。

事業者が誘引で持ちかける「提供する業務」の内容は変化しており、古典的なパソコン内職やモニター商法は現在ではほとんど見受けなくなった。後述のドロップシッピング類似のケース、外国製品の転売ビジネスなど新しい形態のものが次々と現れている。判断のポイントは、事業者による業務の提供があると評価できるかどうかであり、消費者に業務の運営主体としての自立性がほとんど見られないものは業務提供誘引販売取引に該当する可能性が高い。

①パソコン内職

事業者がパソコンを使用した文書作成、ホームページ制作などの内職を提供すると勧誘をする。その仕事をするためのパソコン、ソフトを購入しなければならない。あるいは、パソコン技術を習得するための教材を購入するか、技術習得講座やスキルのレベルアップやレベルチェックの契約をすることなどが条件とされている。

②呉服の展示会商法

呉服などの展示会で接客の仕事をしないかといって勧誘する。収入は時給のケース、呉服の売り上げに応じた歩合給のケースなどがある。ただし、展示会場で制服代わりに着用する呉服は自分で購入しなければならないことになっている。

③モニター商法

商品を購入して、使用したモニターレポートを提出する仕事で収入が得られると勧誘するものである。あるいは、商品を購入し使用してみて、使用感に基づいて販売をすればモニターとしての収入が得られる、というものもある。前者としては、浄水器、布団、後者のタイプとしては呉服などで被害が発生したことがある。

④ドロップシッピングのケース

自宅にいながらパソコンで短時間、簡単な事務作業をするだけで収入が得られると勧誘する。消費者が、インターネットで在宅ワークを探して業者に資料請求することがきっかけとなるものが典型例である。業務内容は、ドロップシッピング（ネット通販ショップ経営）であるものの、商品の仕入れ先の選定や受注・納品作業などは事業者の指示に従えばよい単純作業と説明するものが多く、消費者には経営者としての自立性はほとんどない。ドロップシッピングの外形を装っていても、業務の実態を見ると消費者には経営者としての自立性がなく、事業者が実質的な業務上の判断や主導権を握っている場合には、業務提供誘引販売取引に該当すると評価できる。

⑤チラシ配り内職

通販広告のチラシを配布し、そのチラシで商品が売れると歩合収入が得られると勧誘するものである。配布するチラシは消費者が購入するしくみである。ダイレクトメールの宛名書き内職も同様のものがある。

（3）定義

特商法は、これらの内職商法を「業務提供誘引販売取引」と呼び、次の要件を満たす取引として定義している（法51条1項）。

①事業者の業務内容が、物品の販売または役務の提供（そのあっせんを含む）の事業であって、

②業務提供利益（事業者が提供（あっせんを含む）する①の物品や役務を利用する業務に従事することによる利益）が得られると相手方（消費者）を誘引し、

③その消費者と特定負担を伴う

④物品の販売または有償の役務提供の取引（取引条件の変更も含む）をするもの。

特定負担とは、その契約をするための消費者の金銭的負担を意味する。

典型的な特定負担は仕事をするために購入した商品やサービスの対価であるが、それだけでなく、加盟金、保証金などどんな名目であってもすべての金銭負担を含む（特商法では、これらの金銭負担を「取引料」と呼ぶ）（法51条2項）。

業務提供誘引販売取引のポイントは、事業者との間の業務提供契約と、そのために購入した商品やサービスの販売契約とを一体の契約としてとらえるという点にある。

後述のように、広告に表示すべき事項、書面の記載事項、クーリング・オフ、取消しなどの制度において、業務提供契約と販売契約とを一体の契約として取り扱うことによって、「仕事を世話してもらって収入が得られる」という仕事に関する契約と、そのために購入

した商品などの販売契約を別の契約として切り離し、高額商品を売りつけることはできないようにすることを意図している。

定義の中では、特に②の業務提供利益に注意する必要がある。

業務提供利益に該当するためには、以下のとおり3点の重要なことがある。

第1は、その業務は事業者が提供するものであるか、事業者があっせんするものである必要があるという点である。

第2は、事業者から、あるいは事業者のあっせんにより購入した商品・サービスなどを利用して行う業務であることが必要とされているという点である。

第3は、業務提供利益は「誘引」で足りるという点である。

第1については、いわゆる内職商法に類似したケースの中にも、事業者が仕事を提供したりあっせんしたりしないタイプのものがある。こうしたケースは業務提供誘引販売取引の規制対象にならない。

典型的な例としては、雑誌広告などで通信講座でアクセサリー制作、トレースなどの技術を身につけると副収入が得られることを宣伝しているものがある。この説明としては、通信講座で制作技術などを身につけると収入が得られるようになるとされ、顔写真入りで「余暇を使ってアクセサリーを制作して販売利益をこれだけ得ています」などというキャプションが付いていたりする。しかし、それは事業者の指示に従って制作すれば買い上げるといった業務提供のしくみとは説明されていない。

このタイプは、アクセサリー制作のほかレセプトチェック、筆耕などの技術習得タイプの通信講座の広告などで見かけるものである。技術を身につければ自分でビジネスできますよ、というイメージ広告に過ぎない。

消費者に誤認を与えることを意図したようなこうした広告は欺瞞的広告として問題であることは間違いないが、「業務を提供しますよ」という誘引はしていないので、業務提供誘引販売取引としての規制はかからないといわざるを得ない。

ドロップシッピングをめぐる被害において、「業務の提供・あっせん」の有無が問題となるケースが少なくない。この場合には、業務内容を丁寧に把握し、事業者に実質的なネットショップ経営上の指導権、支配権があるかどうかがポイントになる。

第2については、購入したものと仕事の内容との関係に注意する必要があるということである。パソコン内職では、購入したパソコンやソフトを使用する仕事であったり、購入した教材で勉強した技術を使った仕事が提供されるしくみである。モニター商法では、購入した商品を使用してレポートを作成する。展示会商法では、購入した呉服を着用して顧客対応をする。チラシ配りやダイレクトメール宛名書きでは、消費者が購入したチラシを配布したり、購入したダイレクトメールに宛名書きしたりする、というものである。

したがって、仕事を提供してもらうために金銭の支払いをしても、事業者から購入したか、あっせんしてもらった商品・サービスを利用する仕事ではないという場合には、業務提供誘引販売取引の規制が及ばないことになる。なお、「利用」というのは、かなり広い範囲の概念である。例えば、行政書士資格取得講座を受講して資格を取れば仕事を提供するというしくみの場合、提供された役務を利用する仕事であると評価するためには、行政書士としての仕事であることまでは要求されていない。勉強によって得られた知識を利用する仕事であればよいと解釈され、肯定する裁判例もある。例えば、行政書士資格取得講座のための試験問題を作ったり、答案の添削をするような仕事であってもよい。

この点は、内職による収入をおとりのように利用し

てそもそも不必要な商品などを売りつける悪質商法を規制することを目的として制度化されたものであるゆえの限界であるといえよう。

　第3については、業務提供利益は誘引で足りる点に注意する必要がある。事業者が交付した書面が商品等の販売契約だけであり、業務の提供については契約内容となっていないという場合であっても、誘引があれば要件を満たすことになる。

　したがって、業務提供誘引販売取引かどうかを把握するためには、事業者から消費者に交付された書面をよく見ればよいというだけではなく、広告の内容、勧誘の際の説明内容や説明資料などの把握、消費者が契約を決意した理由などを丁寧に聴き取ることが重要なポイントとなる。

（4）規制対象のパターン

　業務提供誘引販売取引では、契約当事者が複数錯綜（さくそう）して関与する場合も含まれ得るので、ここで整理しておこう。

①最も単純なパターンは、誘引した事業者Aが、業務の提供も、業務に必要な商品であるとの説明により販売も、ともに行うものである。この場合には、契約当事者は、事業者Aと消費者のみである。

②業務の提供は事業者A自身が提供する場合でも、事業者Aがあっせんする場合でもよいとされる。業務提供業者が、誘引業者Aとは別であるという場合には、誘引業者Aから商品等を購入し、業務提供契約は、誘引業者Aからあっせんされた別業者Bと締結する場合もある。

③商品等の販売契約も、誘引業者A自身が販売する場合でもよいし、誘引業者Aがあっせんする別業者Cが販売する場合でもよい。この場合には、誘引業者Aとの間で業務提供契約を締結し、商品の販売契約は別業者Cと締結することもあり得る。

④最も複雑なパターンは、誘引業者Aが、業務提供業者Bと販売業者Cの双方をあっせんするだけの場合である。

　この場合には、業務提供契約は事業者Bと、販売契約は事業者Cと、それぞれ締結することになる。こうした場合でも、すべての契約のしくみを一体としてとらえ、特商法の規制が及ぶ。

　消費者に対して交付すべき書面には、前述の当事者や契約内容は、すべて記載されている必要があり、クーリング・オフや取消しなどの民事ルールもまとめて行うことができるしくみとなっている。

　当事者が別々だから別々に扱う、ということにはなっていないという点に、民法とは大きく異なる特徴があり、業務提供誘引販売取引として規制したポイントがある。なお、誘引業者にも特商法の規制が及ぶことはいうまでもない。

▌2. 規制の概要

　規制は、被害を防止し適切な契約を確保することを目的とする行政規制と消費者被害を救済するための民事ルールの2種類がある。

　行政規制としては、
①氏名等の明示（法51条の2）
②禁止行為（法52条）
③広告の表示（法53条）
④誇大広告等の禁止（法54条）
⑤未承諾者に対する電子メール広告の提供の禁止（オプトイン規制）（法54条の3、54条の4）
⑥書面交付義務（法55条）
⑦行政処分・罰則
がある。

　行政規制のポイントは、事業者に対して取引に関する情報をきちんと開示させることを目的とするものと

なっている点である。

　事業者による情報開示をきちんと行えば、消費者は、これらの情報に基づいて合理的な選択をすることができるため、被害の未然防止が可能になるとともに、事業者間の適正競争のための環境整備ができるとする考え方に基づくものである。

　業務提供誘引販売取引の取引形態は、広告によるもの、電話勧誘や訪問勧誘によるものなどさまざまなものがある。

　そこで、行政規制は、氏名等の明示義務、広告に関する規制、電子メール広告のオプトイン規制、勧誘の際の不当な行為の禁止、契約前の概要書面の交付義務、契約締結時の契約書面の交付義務、というように取引の段階に応じた規制を設けている。

　契約書面の交付義務については、交付日が後述のクーリング・オフ制度の起算日と連動するしくみとなっている。

　勧誘の際の不実告知・故意の事実不告知などの不当な行為の規制は、違反があった場合には行政監督、さらには罰則の対象となる（**参考資料95、101ページ**）だけでなく、消費者に取消権を付与している。

　被害救済のための民事ルールとしては、
①クーリング・オフ制度（法58条）
②契約の申込みまたはその承諾の意思表示の取消し
　（取消制度）（法58条の2）
のほか、不当に高額な解約料を定める契約条項を排除するための
③契約を解除した場合の損害賠償等の額の制限
　（法58条の3）
の制度を設けている。

3. 行政規制

（1）広告表示・誇大広告の禁止

　業務提供誘引販売取引では、求人広告がきっかけとなる場合も少なくない。

　通常の求人広告なので、履歴書を持参して採用面接に出向いたところ採用になり、そこで初めて「仕事をするために必要な商品・研修など」の説明があり契約させられる場合もある。最初から明示されていれば慎重に考慮できるものも、普通の求人広告では被害の予防が難しい。

　そこで、特商法では、業務提供誘引販売取引の広告をする場合の表示事項を定めた（法53条）（**表24**）。ポイントは、仕事や収入についての表示だけでなく、仕事をするために購入する必要がある「商品（役務）の種類、取引に伴う特定負担に関する事項（売買代金、それ以外のすべての取引料）、商品名」をも表示すべきことを義務づけている点である。

表24　業務提供誘引販売取引　広告表示事項（法53条）

商品（役務）の種類	法53条1号
取引に伴う特定負担に関する事項	法53条2号 省令41条1項
提供又はあっせんする業務について広告するときは、その業務の提供条件	法53条3号 省令41条2項
業務提供誘引販売業を行う者の氏名（名称）、住所、電話番号	省令40条1号
業務提供誘引販売業を行う者が法人で、電子情報処理組織を使用する方法によって広告をする場合には、当該業務提供誘引販売業を行う者の代表者又は業務提供誘引販売業に関する業務の責任者の氏名	省令40条2号
商品名	省令40条3号
相手方の請求に基づいて電子メール広告を送る場合には、業務提供誘引販売業を行う者の電子メールアドレス	省令40条4号

（2）書面交付義務

業務提供誘引販売取引では、事業者の書面交付義務は、契約を締結する前の段階で取引の概要について記載した書面（いわゆる「概要書面」）を交付する義務（法55条1項）と、契約締結後に遅滞なく契約内容について記載した書面（いわゆる「契約書面」）を交付すべき義務（同条2項）の2段階となっている。

そもそも業務提供誘引販売取引が、業務を事業者から提供してもらう契約と業務を行うために対価を支払って購入する商品・サービスの販売契約とで構成されるという複雑な内容となっているため、極めて分かりにくいという問題がある。そこで、契約を締結するかどうかを選択するために必要な情報を、口頭だけでなく書面に記載して消費者に渡す方法によって開示すべきことを義務づけた制度（概要書面の交付

義務）となっている。概要書面に記載すべき事項は、**表25**のとおりである。この場合には、取引の概要についての説明内容であるので、当該取引の場合における一般的な説明であれば足りると考えられる。

契約を締結した場合に、交付すべき契約書面の記載事項は、**表26**のとおりである。記載事項は省令で極めて具体的かつ詳細に定められているので、留意する必要がある（省令44条、45条）。特に業務提供利益に関する事項については、①業務の内容　②一定の期間内に提供またはあっせんする業務の量　③業務報酬単価とその計算方法　④業

表25　業務提供誘引販売取引　概要書面記載事項（法55条1項）

記載事項	根拠条文
業務提供誘引販売業を行う者の氏名（名称）、住所、電話番号、法人ならば代表者の氏名	省令43条1項1号
商品の種類、性能、品質に関する重要な事項（権利、役務の種類及びこれらの内容に関する重要な事項）	省令43条1項2号
商品名	省令43条1項3号
商品（提供される役務）を利用する業務の提供（あっせん）についての条件に関する重要な事項（業務提供利益に関する事項）	省令43条1項4号
特定負担の内容	省令43条1項5号
契約の解除の条件そのほかの契約に関する重要な事項	省令43条1項6号
割賦販売法に基づく抗弁権の接続に関する事項	省令43条1項7号

＊書面の字の大きさは8ポイント（官報の字の大きさ）以上でなければならない。
　また、赤枠の中に赤字で、書面をよく読むべき旨を記載しなければならない。

表26　業務提供誘引販売取引　契約書面記載事項（法55条2項）

記載事項	根拠条文
商品の種類、性能、品質に関する重要な事項（権利、役務の種類及びこれらの内容に関する事項）	法55条2項1号
商品（提供される役務）を利用する業務の提供（あっせん）についての条件に関する事項（業務提供利益に関する事項）	法55条2項2号
特定負担に関する事項	法55条2項3号
業務提供誘引販売契約の解除に関する事項（クーリング・オフに関する事項を含む）	法55条2項4号
業務提供誘引販売業を行う者の氏名（名称）、住所、電話番号、法人ならば代表者の氏名	省令44条1号
契約の締結を担当した者の氏名	省令44条2号
契約年月日	省令44条3号
商品名、商品の商標又は製造者名	省令44条4号
特定負担以外の義務についての定めがあるときには、その内容	省令44条5号
割賦販売法に基づく抗弁権の接続に関する事項	省令44条6号

＊書面の字の大きさは8ポイント（官報の字の大きさ）以上でなければならない。
　また、赤枠の中に赤字で、書面をよく読むべき旨およびクーリング・オフの事項について記載しなければならない。

務提供利益の全部または一部が支払われないこととなる場合があるときはその条件　⑤業務提供利益の支払いの時期および方法その他の支払条件の記載が義務づけられている（省令45条2項）。

契約書面には、消費者が事業者と締結した具体的な契約内容について記載することが義務づけられている点に留意する必要がある。つまり、「あなたが締結した契約はこのような内容であるが、それで納得できるかどうか」という観点から、重要な情報がすべて、分かりやすく記載されていることが必要とされるわけである。また、契約書面は、いつ、どのような契約が締結されたのかを消費者に知らせるためのものであることから、特商法では、「契約を締結した場合には遅滞なく交付すべきこと」を義務づけている点にも注意する必要がある。

■ 4. 民事ルール

（1）クーリング・オフ制度

業務提供誘引販売取引には、20日間のクーリング・オフ制度がある（法58条）。

クーリング・オフ制度は、①期間内であれば消費者からの一方的な解除通知だけで契約を解消できること　②清算方法が徹底した消費者保護の視点から特商法で明確に定められているため分かりやすく、処理も簡単であることなどから、最も有効な解決方法といえる。

クーリング・オフ制度は、消費者に対して契約締結後にも一定期間の熟慮期間を与えるためのものである。したがって、消費者が契約締結後であっても熟慮した結果、その契約を締結しないことにしたならば、それがどのような理由によるものであっても差し支えなく、クーリング・オフを行うことができる。

また、クーリング・オフ制度は消費者に対する検討

期間を保障したものである。したがって、期間については、消費者が、その契約を続けるか解消するかを選択するために必要な情報をすべて正しく開示されたときから計算することとされている。

消費者トラブルのケースでは、勧誘の段階で概要書面を交付し、この書面に、「当該書面は契約締結時には契約書面となる」旨を記載しているケースも見受けられる。しかし、契約書面は、契約締結後に遅滞なく消費者に交付することによって、正式に契約が成立したことを消費者に知らせるとともに、当該書面を受け取った日を1日目としてクーリング・オフ期間が計算されることを知らせることを意図しているものである。そのうえ、概要書面の記載内容は一般的な説明内容でも差し支えないが、契約書面は、個別具体的な契約内容を明記したものでなければならないものであって、この点は厳格に判断する必要がある。

契約書面の交付がない場合は、クーリング・オフ期間の起算日は到来しないので、契約締結から20日が経過してもクーリング・オフできる。契約書面の記載事項に欠落があったり、事実と異なる記載内容の場合にも、その書面を受け取ってから20日を経過していてもクーリング・オフができる。したがって、契約締結から20日を経過している場合にも、消費者が事業者から受け取った書面を確認したうえで、契約締結後に契約書面が交付されているか、記載内容はどうか、との観点からきちんとチェックする必要がある。

クーリング・オフ妨害があったとき、すなわち、事実と異なることを告げて誤認させクーリング・オフを妨げたり、威迫して困惑させてクーリング・オフを妨害した場合も同様にクーリング・オフ期間は延長される。

クーリング・オフの通知は発信したときに効果が生じ、さかのぼって契約は解消される。クーリング・オフの通知は、クーリング・オフ期間内の消印で発信すれば

よく、相手方に到達するのはクーリング・オフ期間が経過してからでも差し支えはない（発信主義）。

クーリング・オフをすれば、業務提供に関する契約も、そのために購入した商品やサービスの販売契約も、ともに解消される。事業者は名目のいかんを問わず違約金等を一切請求できない。事業者から引き渡された商品は、事業者の費用負担で引き取る。

以上に反して消費者にとって不利な特約を事業者が定めていたとしても、これらは無効とされる。契約書面に、これらに反する特約が記載されている場合には、特商法で定められた記載事項を尽くしていないことになるため、20日を経過していてもクーリング・オフをすることができる。

（2）取消制度

特商法では、契約締結について勧誘をする際、および契約の解除（クーリング・オフを含む）を妨げるために、事業者が消費者に対して、事実と異なることを告げること、および故意に事実を告げないことを禁止し（法52条1項）、違反した場合には最長で2年間の業務停止命令および業務禁止命令を含む行政監督制度を設けている（法57条、57条の2など）。これらは、消費者の適切な契約の選択を妨げたり、クーリング・オフの権利行使を妨げたりする不当な行為を禁止する趣旨の制度である。さらに、契約の締結について勧誘をする際の不当な行為の結果、消費者が誤認して契約を締結した場合には、その契約を取り消すことができる制度を併せて設けている（法58条の2）。

クーリング・オフ制度は、取消制度と異なり、クーリング・オフ期間内でありさえすれば消費者はもう一度契約についての選択権があるというものであった。これに対して、取消制度は、契約の選択に当たり、事業者が情報格差に付け込んで不実告知や故意の

事実不告知などにより消費者の選択をゆがめたという事情がある場合には、消費者は、不必要な契約であれば取り消すことによって解消することができるとした制度である。

したがって、取消制度の場合には、取消事由があることが前提となる。契約の締結についての勧誘の際にどのような説明があったのか、その説明によって消費者はどのように認識したのか、説明によって事実とは異なる誤認、つまり勘違いをし、勘違いがなければ契約しなかったにもかかわらず誤解した結果契約してしまったのかどうか、これらについて消費者からきちんと聴き取りをして把握することが重要である。

また、取消しをする場合には取消事由を指摘する必要がある。取消事由がなければ取消権は発生しないから、この点は重要である。あっせんの際には、事業者に対して、契約の勧誘の際の説明の状況について、消費者からの丁寧な聴き取りに基づいて把握した事実経過をきちんと伝え、誠意ある対応を求めることが必要となる。

ここで重要なことは、次の点である。すなわち、特商法の取消制度は、事業者と消費者との間の情報の格差に着目し、その契約に関する情報を持っている事業者に対して、消費者にきちんと情報を開示すること、つまり説明する義務があるとの考え方に立つものである。それにもかかわらず、客観的に事実と異なることを告げたり、故意に事実を隠していた結果、消費者が事実関係について誤認するに至り、その誤認がなければ契約はしなかったにもかかわらず契約することになった場合には、消費者に対して、契約を取り消すことができる権利を与えた制度であるという点である。したがって、対等当事者間を前提とした民法上の詐欺による取消しとは異なっている点に注意しておく必要がある。詐欺による取消しが認められるためには、事業者に、

①相手方をだまして錯誤に陥れようとする意図（＝故意）
②錯誤に陥れた結果、契約を締結させてやろうとする意図（＝故意）
③違法な欺罔行為
が必要とされている。

　しかし、特商法による取消制度は、情報格差があるにもかかわらずきちんとした情報提供をすることを怠り、消費者の選択を誤らせた場合の責任分配ルールを定めたものであって、民法上の詐欺による取消しとは制度の考え方が異なる。そのために、事業者には「だましてやろう」という意図も「その結果契約させてやろう」という意図も「違法な欺罔行為」も必要とはされていない。事業者の「だますつもりはまったくなかった」という言い分は、消費者の取消しを妨げる理由にはならないのである。

　取消事由は、**表27**のとおりである（法58条の2）。

　すべての消費者契約を対象とする消契法の場合とは異なり、業務提供誘引販売取引における不実告知の場合には、消費者が購入する商品やサービス、経済的負担である特定負担、業務提供利益だけでなく、「その業務提供誘引販売業に関する事項であつて、業務提供誘引販売取引の相手方の判断に影響を及ぼすこととなる重要なもの」であればすべてが取消しの対象となり、広くなっている。また、これらについて故意に告げなかった場合も取消しの対象となっている。

　消契法では、不告知による誤認を理由に取り消すことができるためには、「消費者にとって利益となることを告げ」という先行要件が必要とされるうえ、告げなかった事項を事業者が知っていたか、重大な過失により知らなかったことを必要とし、さらに事業者が告げなかった事項は「消費者が通常存在しないと考える不利益な事実」に限定するという、三重の限定を加えている。

　これに対して、特商法の取消事由は、消契法の取消事由に比較すると、取引類型ごとに個別具体的に細かく定められているために解釈上の疑義が生ずる危険が少ないうえに、取消事由の範囲も広くなっている。

表27　業務提供誘引販売取引　取消事由（法58条の2）

	重要事項	不実告知（法52条1項）	故意の事実不告知（法52条1項）
法52条1項1号省令39条の3	商品の種類及びその性能若しくは品質又は施設を利用し若しくは役務の提供を受ける権利若しくは役務の種類及びこれらの内容、商品の効能、商品の商標又は製造者名、商品の販売数量、商品の必要数量、役務又は権利に係る役務の効果	○	○
法52条1項2号	当該業務提供誘引販売取引に伴う特定負担に関する事項	○	○
法52条1項3号	当該契約の解除に関する事項（クーリング・オフに関する事項を含む）	○	○
法52条1項4号	その業務提供誘引販売業に係る業務提供利益に関する事項	○	○
法52条1項5号	前各号に掲げるもののほか、その業務提供誘引販売業に関する事項であつて、業務提供誘引販売取引の相手方の判断に影響を及ぼすこととなる重要なもの	○	○

取消期間は、消契法の取消期間と同様に「追認できるときから1年」である。「追認できるとき」とは、改正民法では、「取消事由がやんだ後であり、かつ取消権があることを知ったとき」と改正された。誤認類型の場合には、勧誘の際には不実の説明があり誤認したが、その後事実は説明とは違う内容であることを明確に知ったときであり、かつ、契約を取り消すことができることをも知ったときを意味することになる。

取消しの通知方法は、クーリング・オフと異なって特商法では特別な定めを設けていないので、民事ルールの基本ルールである民法の原則によって処理することになる。具体的には、取消通知は、取消期間内に事業者に到達する必要がある。清算は、取消しによって契約は最初にさかのぼって解消されるので、契約当事者双方が、相手方に対して、「契約がなかった状態に巻き戻す」義務を負うことになる。なお、消費者は、現に利益を受ける限度で返還すればよい。商品などを返還する費用は、クーリング・オフの場合とは異なり、消費者の負担である（法58条の2、9条の3第5項）。

なお、契約締結日から5年を経過すると取消しはできなくなるので、注意する必要がある。

（3）損害賠償等の額の制限

事業者から契約を解除された場合、例えば消費者が特定負担の支払いをしなかったために債務不履行解除をした場合には、事業者は消費者に対して債務不履行に基づく損害賠償を求めることができる。これは民法上の基本ルールである。民法では、このような場合の損害賠償の額についての予約を契約上取り決めることは自由であるとしている。しかし、特商法では、対等当事者間における契約ではないため事業者が優位に立っていることをよいことに、消費者に不当な負担を押し付けることを規制するために「損害賠

償等の額」を制限する規制を定めた。具体的な内容は、以下の法58条の3第1項の1号～4号のとおりである。

一　当該商品（施設を利用し及び役務の提供を受ける権利を除く。以下、この項において同じ）又は当該権利が返還された場合　当該商品の通常の使用料の額又は当該権利の行使により通常得られる利益に相当する額（当該商品又は当該権利の販売価格に相当する額から当該商品又は当該権利の返還された時における価額を控除した額が通常の使用料の額又は当該権利の行使により通常得られる利益に相当する額を超えるときは、その額）

二　当該商品又は当該権利が返還されない場合　当該商品又は当該権利の販売価格に相当する額

三　当該業務提供誘引販売契約の解除が当該役務の提供の開始後である場合　提供された当該役務の対価に相当する額

四　当該業務提供誘引販売契約の解除が当該商品の引渡し若しくは当該権利の移転又は当該役務の提供の開始前である場合　契約の締結及び履行のために通常要する費用の額

訪問購入

1. 訪問購入とは

（1）はじめに

2010年から貴金属の押し買いの被害が爆発的に増加したことから、2012年8月の特商法改正により、「訪問購入」として規制されることになった。

原則としてすべての物品を規制対象とし、消費者から要請がない場合の訪問購入の勧誘（飛び込み勧誘）を禁止した（不招請勧誘の禁止）点が大きな特徴である。

（2）定義

規制対象とされる「訪問購入」とは、「物品の購入を業として営む者（事業者）が営業所等以外の場所において、売買契約の申込みを受け、又は売買契約を締結して行う物品の購入」である（法58条の4）。

「物品」とは、有体物つまり民法上の動産を意味する。「営業所等」とは、①営業所　②代理店　③露店、屋台店その他これらに類する店　④一定の期間にわたり購入する物品の種類を掲示し当該種類の物品を購入する場所で店舗に類するもの　⑤自動販売機その他の設備でその設備により契約の締結が行われるものが設置されている場所である（省令1条）。

いわゆる「押し買い」事例の中には、事業者が消費者に対する代金の支払いに代えて金券や商品を引き渡すタイプのものがある。消費者がクーリング・オフをすると、「売買ではなく交換なので、訪問購入には該当しない」と主張してクーリング・オフを認めないことがある。しかし、事実関係を見ると、事業者は「何でも買い取ります」などと広告したり電話で誘い、買い取りを希望した消費者宅を訪問して買い取り物品を見積もり、「○○円になります」などと見積額を述べて消費者との合意を取り付ける。そして、代金の支払いの際には、金銭を支払う代わりに金券や、代金相当額の商品の引渡しで済ませるケースがほとんどである。こうした事実関係の下では、事業者と消費者とは売買契約を締結し、事業者が代金支払いの履行の方法として、金銭に代わる決済手段として金券を使用したり、代物弁済として商品を引き渡しているのであって、訪問購入に当たる。

（3）適用除外

原則としてすべての物品に適用されるものの、消費者の「利益を損なうおそれがないと認められる物品又は訪問購入の規制の適用を受けることとされた場合に流通が著しく害されるおそれがあると認められる物品」で、政令で定める次の物品に関する訪問購入は適用対象から除外されている（政令16条の2）。

①自動車（二輪のものを除く）（1号）

②家庭用電気機械器具（携行が容易なものを除く。大型家電製品を指す）（2号）

③家具（3号）

④書籍（4号）

⑤有価証券（無記名証券や商品券など）（5号）

⑥レコードプレーヤー用レコード及び磁気的方法又は光学的方法により音、影像又はプログラムを記録した物（CD、DVD、ゲームソフトなど）（6号）

なお、骨董品または収集品として取引される場合

は、上記の物品であっても規制対象と考えられる。

　次いで、訪問購入の定義に該当する場合であっても、次の取引には特商法の適用がない（法58条の17第1項）。

①売り手が営業のためまたは営業として契約する訪問購入（1号）

②海外にいる人に対する訪問購入（2号）

③国、地方公共団体が行う訪問購入（3号）

④特別法に基づく組合、公務員の職員団体、労働組合がそれぞれの組合員等に対して行う訪問購入（4号）

⑤事業者がその従業員に対して行う訪問購入（5号）

2. 規制の概要

　訪問購入を行うに当たって、事業者が守るべき行為に関する規制は下記のとおりである（**図4**）。

　①不招請勧誘の禁止（法58条の6第1項）②氏名等の明示義務（法58条の5）③再勧誘の禁止（法58条の6第3項）④不当な勧誘行為等の禁止（クーリング・オフ妨害など）（法58条の10）⑤書面交付義務（法58条の7、58条の8）⑥物品の引渡しの拒絶に関する告知（法58条の9）⑦第三者への物品の引渡しについての相手方（売り手である消費者）に対する通知（法58条の11）⑧物品の引渡しを受ける第三者に対する通知（法58条の11の2）。

図4　訪問購入の典型的な取引の流れ（勧誘からクーリング・オフ期間中まで）

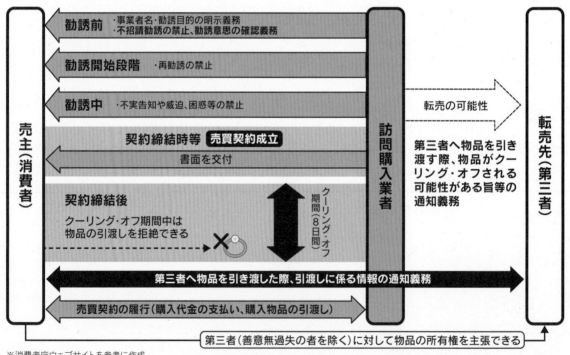

※消費者庁ウェブサイトを参考に作成

なかでも、①不招請勧誘の禁止は、不意打ち性の強い訪問販売や電話勧誘販売にはない規制であり、画期的である。これらの規制に違反した場合には、行政処分の対象となる（**参考資料95、102ページ**）。一方、⑥〜⑧は、訪問購入に関するクーリング・オフ制度を実効性のあるものにするための重要な制度である。

3. 行政規制

（1）不招請勧誘の禁止

特商法では、「購入業者は、訪問購入に係る売買契約の締結についての勧誘の要請をしていない者に対し、営業所等以外の場所において、当該売買契約の締結について勧誘をし、又は勧誘を受ける意思の有無を確認してはならない」と定めている（法58条の6第1項）。この規定は、「飛び込み勧誘」を禁止する趣旨である。違反した場合で、訪問購入にかかる取引の公正および消費者の利益が害されるおそれがあると認めるときは、その事業者に対し、必要な措置を採るべきことを指示することができる（法58条の12第1項）。

つまり、あらかじめ消費者から「訪問購入の勧誘について要請を受けた場合」か、消費者の同意を得たうえで訪問しなければならないということである。ただし、特商法は事業者が勧誘電話をかけることについては規制していない。この点は、商品先物取引法や金融商品取引法の不招請勧誘の禁止規定が、電話や訪問による勧誘をともに禁止しているのとは異なる。したがって、事業者が、消費者に電話をかけて、消費者と訪問購入に関する勧誘のために訪問する約束をしたうえで消費者宅を訪問して勧誘するこ

とは合法である。ただし、消費者からの要請あるいは同意を得た物品の買い取りについての勧誘が合法ということであり、要請や同意がない異なる物品の買い取りについて勧誘をする行為は禁止された、不招請勧誘に該当する点は注意が必要である[*3]。

つまり、消費者から得た同意が「不要な呉服の買い取り」である場合には、訪問したうえで貴金属の買い取りの勧誘をすると、貴金属の購入の勧誘をした点については不招請勧誘の禁止に該当することになる。呉服の訪問購入の勧誘については同意を得ているが、貴金属については同意を得ていないためである。

消費者が買い取り価格の見積もりや査定の依頼をした場合はどうか。中古品の買い取りの場合には、処分を考える消費者は、まずいくらくらいで買い取ってもらえるのか、事業者に査定や見積もりをしてもらおうと考えることが多い。インターネットで調べて査定の依頼をしたり、チラシなどで「無料で査定します」という表示を見て電話をしたり、勧誘電話でとりあえず査定を頼む場合などが考えられる。消費者から依頼を受けて査定のために訪問した事業者が、査定をしたうえで「この金額になりますが、売ってもらえますか」と勧誘することは不招請勧誘に当たるので、禁止されている。消費者は「査定の依頼」をしただけで、訪問購入の勧誘について要請しているわけではないので、訪問購入の契約の締結については勧誘をしてはならないのである。事業者は、査定しただけで帰らなければならないということになる。

ただし、事業者が契約の締結について勧誘をすることは禁止しているが、査定価格を知った消費者のほうから「この金額で契約したい」と申し込むことは禁止されていない。消費者から契約の申込みがされた場合には、事業者が承諾することは許されている。

[*3] 事業者が消費者に電話をかけ、強引に「勧誘の要請」を取りつけた場合は消費者から「勧誘の要請」があったとはいえず、不招請勧誘に該当する可能性がある。

ただし、この場合にもクーリング・オフ制度などの適用があることはいうまでもない。

　消費者から事業者に査定の依頼をして来てもらう取引形態は、古本や中古自動車の買い取りなどでよくみられるが、これらの物品は政令で適用除外物品として指定されていることから、特商法の規制は及ばない。

　なお、消費者から査定の要請を受けた場合に、事業者が併せて「査定をしたうえで、契約の勧誘をしてもよいか」を確認して同意を得た後訪問した場合には、査定のうえで契約の勧誘をしてもよいということになる。

（2）氏名等の明示、再勧誘の禁止、不当な勧誘やクーリング・オフ妨害などの禁止、書面交付義務

　これらの規制は、訪問販売の規制とほぼ同様の内容である。消費者からの要請を受けて訪問した場合にも、事業者の氏名（名称）・訪問目的などを明示しなければならず（法58条の5）、消費者から勧誘の同意を得る必要がある（法58条の6第2項）。消費者から契約の締結を断られた場合には直ちに立ち去らなければならず、居座って勧誘を続けたり、その後も訪問を繰り返したりすることは禁止されている（法58条の6第3項）。契約の締結について勧誘する際やクーリング・オフを妨害するため、あるいはクーリング・オフ期間内に物品の引渡しを受けるために不実告知や故意の事実不告知をしたり、威迫して困惑させる行為は禁止されている（法58条の10）。

　申込みを受け付けたら直ちに申込書面を、契約を締結したら遅滞なく契約書面を交付する義務があるが、申込みと同時に契約を締結した場合は、契約書面のみの交付で足りる。これらの書面に記載すべき事項や記載方法については**表28**のとおりである

表28　訪問購入　申込書面記載事項（法58条の7）

物品の種類	法58条の7第1号
物品の購入価格	法58条の7第2号
代金の支払時期、方法	法58条の7第3号
物品の引渡時期、方法	法58条の7第4号
クーリング・オフに関する事項	法58条の7第5号
物品の引渡しの拒絶に関する事項	法58条の7第6号
事業者の氏名（名称）、住所、電話番号、法人ならば代表者の氏名	省令47条1号
契約の申込み又は締結を担当した者の氏名	省令47条2号
契約の申込み又は締結の年月日	省令47条3号
物品名	省令47条4号
物品の特徴	省令47条5号
物品又はその附属品に商標、製造者名若しくは販売者名の記載があるとき又は型式があるときは、当該商標、製造者名若しくは販売者名又は型式	省令47条6号
契約の解除に関する定めがあるときは、その内容	省令47条7号
そのほか特約があるときには、その内容	省令47条8号

＊書面の字の大きさは8ポイント（官報の字の大きさ）以上でなければならない。
　また、赤枠の中に赤字で、書面をよく読むべき旨およびクーリング・オフの事項について記載しなければならない。
＊契約書面（法58条の8）の記載事項は、現金取引の場合を除き申込書面とほぼ同一である。

（法58条の7、58条の8）。なお、記載事項は省令で極めて具体的かつ詳細に定められているので、留意する必要がある（省令47条〜50条）。

　これらの行為規制は、消費者から訪問購入についての勧誘の要請を受けて訪問した事業者も遵守しなければならない義務である。消費者から勧誘に来るように要請を受けた事業者が約束どおり消費者宅を訪問した場合でも、消費者と接触したら開口一番に

「氏名等を明示」しなければならない。消費者から「勧誘してほしくない」「契約するつもりはない」と拒絶された場合には、直ちに帰らなければならない。

「あなたに要請されて訪問したのに、そんなむちゃな」「約束が違う」などと居座って勧誘を続けた場合には、再勧誘の禁止規定に違反する。

訪問購入の規制は、消費者から訪問購入の勧誘について要請を受けた場合でなければ勧誘してはならないとしたうえで、勧誘の要請を受けて訪問勧誘する場合のルールを定めている点に留意する必要がある。むろん、飛び込み勧誘の場合にも行為規制は及ぶので、行為規制に反すれば違法性が高くなり、指示や業務停止、業務禁止などの行政処分の対象になる。飛び込み勧誘による契約にもクーリング・オフ制度をはじめとする訪問購入に関する規制の適用があることはいうまでもない。

ただし、事業者が消費者からの依頼により訪問した場合で、氏名等の明示義務、勧誘を受ける意思の確認義務と再勧誘の禁止の規制以外の規定は適用されない場合がある。それは次の2つの場合である（法58条の17第2項）。

① 「その住居において売買契約の申込みをし又は売買契約を締結することを請求した者に対して行う訪問購入」（1号）

② 「購入業者がその営業所等以外の場所において物品につき売買契約の申込みを受け又は売買契約を締結することが通例であり、かつ、通常売買契約の相手方の利益を損なうおそれがないと認められる取引の態様で政令で定めるものに該当する訪問購入」（2号）

この②の政令で定められている取引は、御用聞き取引、常連取引、引っ越しに伴う訪問購入である（政令16条の3、省令56条）。

①は、消費者がその事業者に売却すると決めた

うえで、契約したいからと請求して消費者宅に来てもらった場合を指す。買い取り価格が決まっている場合（査定は済んでいる場合など）にその価格で売却するからといって来訪の請求をした場合が典型的である。または、「いくらでもいいからお宅に買い取ってもらいたいから来てほしい」と請求した場合も含まれる。契約の申込みや締結を請求した場合とは、「その事業者と契約する意思」を持っていて、消費者宅での契約の申込みや締結を事業者に請求したことが必要であり、訪問購入の勧誘の要請とは区別される。

一方、「訪問購入の契約の申込みや締結について勧誘をすることを要請する」場合には、売却価格などの契約の内容や契約の意思はまだ不確定で決まっていないので、①には該当しないことになる。

消費生活相談員は消費者から相談を受ける際にこの点がどちらだったのかをよく聴き取る必要がある。

（3）クーリング・オフ制度の実効性確保のための規制

訪問購入とは、消費者が所有している特定の物品を売却するものである。クーリング・オフをしたら、消費者が売却した物品を返してもらわなければ消費者にとっては意味がない。一方、事業者の目的は買い取った物品を処分して利益を得ることにある。例えば、貴金属の訪問購入では、事業者は買い取った物は短期間のうちにまとめて溶かして処分してしまっている場合が少なくない。

こうした訪問販売とは異なる訪問購入の特殊性に着目して、クーリング・オフ制度を実効性あるものとするため、クーリング・オフ期間内の物品の引渡しについての規制を新たに定めている。

以下、詳細は、民事ルールの項で説明する。

4. 民事ルール

　消費者被害を救済するための民事ルールとしては、訪問販売と同様の8日間のクーリング・オフ制度と、消費者の債務不履行などによって契約が解除された場合の損害賠償の額の制限（事業者による違約金等の名目でのボッタクリ条項の禁止規定、訪問販売類似の制度）を設けている。

　なお、不実告知等による取消制度は設けていないので、クーリング・オフ期間が経過している契約の取消しをしたい場合には消契法などの適用を検討することになる。

（1）クーリング・オフ制度

　訪問購入の申込みまたは契約の締結をした場合には（営業所等において申込みを受け、営業所等以外の場所において契約を締結した場合を除く）、法58条の8の書面（いわゆる「契約書面」）を受領した日（その日より前に法58条の7の書面［いわゆる「申込書面」］を受領した場合には、その書面を受領した日）を初日として計算して8日を経過するまでは、書面によりその売買契約の申込みの撤回または解除を行うことができる（法58条の14）。

　クーリング・オフ妨害があった場合、再交付書面が交付されるまではクーリング・オフ期間が起算されないことなどは訪問販売と同様である。

（2）クーリング・オフの効果

　申込みの撤回等は、申込みの撤回等にかかる書面（クーリング・オフする内容の通知）を発信したときに、その効力を生ずる発信主義を採ることは訪問販売と同様である。クーリング・オフされた場合には、事業者は、その申込みの撤回等に伴う損害賠償または違約金の支払いを請求することができない。その

売買契約について代金の支払いが既にされているときは、その代金の返還に要する費用およびその利息は、事業者の負担である。

（3）物品の引渡しの拒絶

　訪問購入の特殊性から、消費者は、クーリング・オフ期間内は売却した物品の引渡しを拒絶することができる権利が導入された。消費者は、クーリング・オフ期間が経過するまでは、契約上売却物品の引渡しの期日の定めがあるときであっても、事業者に対し、訪問購入にかかる物品の引渡しを拒むことができる（法58条の15）。併せて、事業者は、消費者から直接物品の引渡しを受けるときは、消費者に対しクーリング・オフ期間内は物品の引渡しを拒むことができる旨を告げなければならない（法58条の9）。クーリング・オフ期間中は売却物品を消費者の手元に置いておけば、クーリング・オフをした場合に物品が溶かされたり転売されたりして取り戻せないという事態は防ぐことができる。

（4）クーリング・オフ期間内に物品を引き渡した場合

　クーリング・オフ期間内に売却物品を事業者に渡してしまった場合のクーリング・オフの実効性を確保するために、2つの制度を導入した。

　第1に、事業者は、クーリング・オフ期間内に転売して、転売先である第三者に転売物品を引き渡したときは、省令で定める**表29**の事項を、遅滞なく、消費者に通知することを義務づけた（法58条の11、省令52条）。これによって、消費者は自分が売却して引き渡した物品の転売先を知ることができる。

　第2に、クーリング・オフ期間内に消費者から引渡しを受けた物品を転売して転売先の第三者に引き渡すときは、省令で定める**表30**の事項を記載した書面

表29　第三者への物品の引渡しについての消費者に対する通知事項（法58条の11）

第三者の氏名（名称）、住所、電話番号、法人ならば代表者の氏名	省令52条1号
物品を第三者に引き渡した年月日	省令52条2号
物品の種類	省令52条3号
物品名	省令52条4号
物品の特徴	省令52条5号
物品又はその附属品に商標、製造者名若しくは販売者名の記載があるとき又は型式があるときは、当該商標、製造者名若しくは販売者名又は型式	省令52条6号
そのほか消費者が第三者への物品の引渡しの状況を知るために参考となるべき事項	省令52条7号

表30　物品の引渡しを受ける第三者に対する通知事項（法58条の11の2）

第三者に引き渡した物品が訪問購入取引の相手方（消費者）から引渡しを受けた物品であること	省令53条2項1号
消費者がクーリング・オフを行うことができること	省令53条2項2号
消費者がクーリング・オフできる期間に関する事項（法定書面の不交付やクーリング・オフ妨害があった場合は期間経過後もクーリング・オフができること）	省令53条2項3号
事業者が消費者に対して法定書面（クーリング・オフの起算日となる書面）を交付した年月日	省令53条2項4号
事業者の氏名（名称）、住所、電話番号、法人ならば代表者の氏名	省令53条2項5号
事業者が物品を第三者に引き渡す年月日	省令53条2項6号
物品の種類	省令53条2項7号
物品名	省令53条2項8号
物品の特徴	省令53条2項9号
物品又はその附属品に商標、製造者名若しくは販売者名の記載があるとき又は型式があるときは、当該商標、製造者名若しくは販売者名又は型式	省令53条2項10号

を渡すという方法で、クーリング・オフされる可能性があることなどを第三者に通知すべきことを義務づけた（法58条の11の2、省令53条）。

　民法では、売買契約などの合理的根拠に基づいて物品（動産）の引渡しを受けた者は、引渡しを受けたときに善意無過失であれば（落ち度なく自分が完全に所有権を取得したと信じた場合という意味）、即時にその動産の所有権を取得するという考え方を採っている（民法192条）。しかし、転買の契約をして引渡しを受けるときに「クーリング・オフされる可能性がある」ことなどを説明されていた場合には、転売先である第三者は「善意無過失」ではないので、クーリング・オフをした消費者は、その第三者に対して物品の返還を請求することができる。

　しかし、事業者が転売先である第三者に物品を引き渡すときに、「訪問購入により取得した物品なので、クーリング・オフされる可能性がある」ことなどを通知すべき義務に違反して通知しておらず、かつ、事業者が訪問購入によって物品を取得したことを転売先である第三者が落ち度なく知らなかった（善意無過失）という事情がある場合には、消費者はクーリング・オフをしても、その第三者には物品の返還の請求ができないということになる。

　以上のことは、消費者がクーリング・オフをした後に、事業者から第三者へ物品の転売が行われていた場合に限らず、消費者がクーリング・オフをする前に、事業者から第三者へ物品の転売が行われていた場合も当てはまる（法58条の14第3項）。

（5）片面的強行規定

　クーリング・オフに関する法58条の14の規定に反する特約で申込者等に不利なものが契約上定められていても、その契約条項は無効である（法58条の14第6項）。

適格消費者団体による 差止請求

1. はじめに

　適格消費者団体による差止訴訟制度は2006年に消契法に導入された制度である。その後、2008年に特商法にも導入された。

　差止請求を行うことができる消費者団体は、消契法に基づいて内閣総理大臣が認定した適格消費者団体である。本書の編集時点である2020年10月現在、適格消費者団体は全国で21団体である（特定非営利活動法人20団体、公益社団法人1団体）。認定団体の最新の状況については消費者庁ホームページで確認することができる。

　2016年10月から、多数の消費者に共通して生じた財産的被害について、消費者団体が訴訟を通じて集団的な被害の回復を求めることができる制度が開始された。適格消費者団体の中から新たな認定要件を満たす団体として内閣総理大臣の認定を受けた「特定適格消費者団体」（本書編集時点の2020年10月現在、全国3団体）が、この制度を担っている。

2. 差止訴訟制度の意義

　特商法には国（消費者庁と経済産業局）と都道府県による行政監督制度がある。違反業者に対しては監督官庁が必要に応じて改善のための指導や処分を行うことができる。しかし、すべての違反に対して行政機関が対応できるとは限らない。そこで、その補完機能として適格消費者団体による差止訴訟制度が導入された。

　適格消費者団体は、その地域で特定の事業者が特商法違反の行為を行っている情報を入手した場合には、弁護士・司法書士・学者・消費生活相談員などで構成される専門委員会で検討をしたうえで、事業者に対して違法な行為をやめるよう申し入れる。申し入れに対して事業者が誠実に対応し、改善が見込める場合には裁判外の和解をする。

　改善が期待できない場合に、適格消費者団体は差止訴訟を提起することになる。

　差止訴訟制度の導入により、消費者団体からの改善の申し入れに対して、事業者が真摯に対応することが期待できるようになった。差止訴訟以前に裁判外の和解により改善されるケースも少なくない。

3. 消費生活相談と差止訴訟

　差止訴訟制度が十分に機能するためには、適格消費者団体による違反事業者の情報収集が重要である。適格消費者団体は、110番事業を行ったり、随時情報提供を求めるなど、情報収集のための工夫をしている。しかし、一般の消費者にとっては適格消費者団体の存在と役割は決して身近とはいえず、自発的な情報提供はそれほど期待できない実情にある。違反事業者に関する情報を収集することは差止訴訟制度上の大きな課題となっている。

　そこで、自治体の消費生活相談窓口には、受け付けた相談の内容から、特商法違反の事実を的確に聴き取るなどして把握し、PIO-NET*4に入力するとともに、相談者である消費者に対して差止訴訟制度の意義と役割について適切な情報提供を行い、適格消費者団体にも情報提供をすることによって事業者の違法行為を改善することができる可能性があることを助言する役割が期待される。

　こうした助言をきちんと行うことによって消費生活相談は、相談者である消費者の権利を尊重するための支援だけにとどまらず、地域や日本のすべての消費者の被害防止のための支援の機能を果たすことになる。

4. 差止対象となる行為

　特商法の差止対象となる行為は、「不特定かつ多数の者に対して」「現に行い又は行うおそれがある」特商法に違反する一定の行為である。類型別にその行為の概要を表31にまとめた。

＊4　PIO-NET（パイオネット：全国消費生活情報ネットワークシステム）とは、国民生活センターと全国の消費生活センター等をオンラインネットワークで結び、消費生活に関する相談情報を蓄積しているデータベースのこと。

表31 差止対象となる行為

	不当な行為(各1項)*1		
	不実告知	故意の事実不告知	威迫困惑
	勧誘時及び解除をさせないため、次の事項につき、不実のことを告げる行為	勧誘時に、次の事項につき、故意に事実を告げない行為*2	契約を締結させ、又は解除をさせないため、威迫して困惑させる行為
訪問販売 (法58条の18)	(1号) 商品の種類・性能・品質 権利若しくは役務の種類・内容 法6条1項2号から7号の事項(表6)	(2号) 商品の種類・性能・品質 権利若しくは役務の種類・内容 法6条1項2号から5号の事項(表6)	(3号)
通信販売 (法58条の19)	―	―	―
電話勧誘販売 (法58条の20)	(1号) 商品の種類・性能・品質 権利若しくは役務の種類・内容 法21条1項2号から7号の事項(表11)	(2号) 商品の種類・性能・品質 権利若しくは役務の種類・内容 法21条1項2号から5号までの事項 (表11)	(3号)
連鎖販売取引 (法58条の21)	統括者、勧誘者(1号) 一般連鎖販売業者(2号) 商品の種類・性能・品質 権利若しくは役務の種類・内容 法34条1項2号から5号の事項(表15)	統括者、勧誘者(1号) 商品の種類・性能・品質 権利若しくは役務の種類・内容 法34条1項2号から5号の事項(表15)	(3号)
特定継続的 役務提供 (法58条の22)	(2号) 役務又は権利の種類・内容・効果 関連商品がある場合は種類・性能・品質 法44条1項3号から8号の事項(表22)	(3号) 役務又は権利の種類・内容・効果 関連商品がある場合は種類・性能・品質 法44条1項3号から6号までの事項 (表22)	(4号)
業務提供誘引 販売取引 (法58条の23)	(1号) 商品の種類・性能・品質 権利若しくは役務の種類・内容 法52条1項2号から5号の事項(表27)	(1号) 商品の種類・性能・品質 権利若しくは役務の種類・内容 法52条1項2号から5号の事項(表27)	(2号)
訪問購入 (法58条の24)	(1号) 物品の種類・性能・品質 法58条の10第1項2号から8号の事項 (4号) (物品の引渡しを受けるため) 物品の引渡しに関する重要なもの	(2号) 物品の種類・性能・品質 法58条の10第1項2号から6号の事項 (4号) (物品の引渡しを受けるため) 物品の引渡しに関する重要なもの	(3号) (5号) (物品の引渡しを受けるため)

＊1 連鎖販売取引では、勧誘者に不当な行為やそのおそれがある場合は、統括者に対して差止請求をすることができる(法58条の21第2項)
＊2 連鎖販売取引と業務提供誘引販売取引については、解除をさせないためも含む
＊3 連鎖販売取引については3項

不当な行為（各1項）*1		不当条項（各2項）*3
誇大広告	断定的判断の提供	
次の事項について、著しく事実に相違する表示をし、又は実際のものよりも著しく優良であり、若しくは有利であると誤認させるような広告	利益を生ずることが確実であると誤解させる断定的判断を提供して勧誘する行為	● クーリング・オフ規定より消費者に不利な特約 ● 解除にともなう損害賠償等の額の制限についての規定より消費者に不利な特約
―	―	（1号） 法9条8項（法9条の2第3項（過量販売解除）に準用する場合を含む）に規定する特約 （2号） 法10条の規定に反する特約
商品の性能 権利若しくは役務の内容 申込みの撤回や解除（法15条の3第1項ただし書に規定する特約＝返品特約を含む）に関する事項	―	―
―	―	（1号） 法24条8項（法24条の2第3項（過量販売解除）に準用する場合を含む）に規定する特約 （2号） 法25条の規定に反する特約
（4号） 商品の性能・品質 権利若しくは役務の内容 特定負担、特定利益	（5号）	（3項1号） 法40条4項に規定する特約 （3項2号） 法40条の2第6項（中途解約や損害賠償等の額の制限）に規定する特約
（1号） 役務の内容、効果	―	（1号） 法48条8項に規定する特約 （2号） 法49条7項（法49条の2第3項（誤認取消に伴う関連商品の解除）に準用する場合を含む）に規定する特約
（3号） 特定負担、業務提供利益	（4号）	（1号） 法58条4項に規定する特約 （2号） 法58条の3第1項又は2項の規定に反する特約
―	―	（1号） 法58条の14第6項に規定する特約 （2号） 法58条の16の規定に反する特約

ネガティブ・オプション

1. ネガティブ・オプションとは

事業者から、消費者に対して、突然一方的に商品を送り付けてくる商法がある。このような商法を「送り付け商法」とか「ネガティブ・オプション」と呼んでいる。

送り付ける方法としては、普通郵便の場合もあるし、宅配便などを用いる場合もある。

かつては、送り付けてくる商品とともに請求書と振込用紙が同封されていた。

あるいは、「商品を購入しない場合には、商品を返送してください。返送されない場合には、購入したものとみなして代金をお支払いいただきます」などの内容の通知文が同封されている場合も少なくなかった。

代金引換宅配便等が利用される場合には「家族が注文した」と勘違いして、代金を支払って受け取ってしまいトラブルになることがある。

そのため、最近では配達前に「注文した商品に間違いはないか」と電話で確認する配送業者もある。

2. どんな商品を送り付けてくるか

ネガティブ・オプションで送り付けてくる商品には、変遷がありさまざまであるが、現在、最もよくみられるのは、カニなどの生鮮海産物やサプリメントなどを代金引換宅配便で送り付けるというものである。家族が注文したかもしれないと考えて代金を支払って受け取った後で、注文していないことが分かっても、代金を取り戻すことは困難な場合が少なくない。

かつては、皇室写真集や叙勲者名簿などの書籍類が多くみられた。ほかには、市販価格が安価なコインケース、アイマスク、ボールペンなどを数千円の価格で「チャリティーセール」と称して送付してくるものも少なくなかった。ボランティア団体と誤認させて、募金感覚で購入させるねらいと推測される。そのほか、アダルトビデオ、お経カードなどが利用されたこともある。

また、政党活動を装って政党に関する書籍や政治家のサイン入りのお皿などを高齢者をねらって送り付けるケースもあった。自営業者、会社などを対象に、書籍類を送り付けてくるケースは恒常的に発生している。

2020年の新型コロナウイルスの感染拡大の中では、品薄で入手が困難となったマスクの送り付け商法が社会問題となり、現行法の緩い規制のあり方が批判されている。

3. 基本的な考え方

現行法では、ネガティブ・オプションを禁止するしくみは採っておらず、下記の民事的問題に対する特別規定を置くにとどまっている。

ネガティブ・オプションで問題となるのは大きく分けて2点である。

第1は、代金を支払う義務はあるのか、という問題である。

第2は、購入するつもりがない場合には、受け取った消費者が商品を事業者に返送する義務があるのかどうか、という問題である。

まず、消費者が商品代金の支払い義務を負うのはどういう場合か整理しておこう。

売買契約に基づいて商品の引渡しを受けた場合であれば、事業者が商品の引渡しの義務を履行すれば、消費者は、売買契約で決めた売買代金を支払期日までに支払う義務がある。

前払い特約があれば、商品の引渡し前に支払う義務を負うことになる。

契約を締結するかどうかは、当事者の自由に委ねられているが、契約を締結した場合には、その契約に法律上の無効原因や取消原因や解除原因があるといった特殊な場合を除けば、原則として、その契約を守る義務があるため、契約内容に従って代金を支払う義務があるわけである。

逆にいえば、売買契約などを締結し、その契約に基づいて商品の引渡しを受けるという場合でなければ、売買代金を支払う義務を負うことにはならない。たまたま商品を受け取ってしまったというだけで、代金を支払う義務が発生するわけではないのである。

ネガティブ・オプションでは、消費者があらかじめ注文しているわけではなく、事業者から一方的に商品を送り付けてくるものなので、これに対して、消費者が承諾の意思表示をしていない段階では売買契約は成立していない。つまり、事業者からの商品の送り付けは、契約の申込みに当たるわけである。

これに対して、ネガティブ・オプション業者の一般的な言い分としては、以下の2種類のものが見受けられる。

第1は、「商品を受け取ることによって契約は成立した」というものである。消費者の中にも、「商品を受け取ってしまった以上、代金を支払う義務があるのではないか」と考える人も少なくない（ネガティブ・オプションは、消費者のこうした誤解に付け込んだ悪質商法であるともいえよう）。

第2は、商品とともに「返送しなければ売買契約は成立したものとみなす」とする通知文を同封してい

るにもかかわらず、商品の返送をしなかったのであるから売買契約は成立した、とする主張である。

しかし、契約が成立するためには、当事者間で、申込みの意思表示と承諾の意思表示とが一致することが必要であり、この申込みの意思表示と承諾の意思表示が合致した合意が契約であるとされる。

そして、意思表示は、
①一定の法的効果を発生させようとすることを意図する内心的効果意思
②これを相手方に表示することを意図する表示意思
③相手方に対する表示行為
で構成されている、と説明される。

このように考えると、事業者が消費者に対して商品を送り付ける行為は、
①消費者に対して、その商品を購入してもらいたいと考えて販売の申込みをしようと考えて（＝内心的効果意思）
②これを消費者に対して表示しようとする意思のもとで（＝表示意思）
③請求書とともに商品を送り付けるというかなり乱暴な方法で消費者に対して売買契約の申込みを行った（＝表示行為）
ものと評価することができる。

つまり、事業者が消費者に対して商品を送り付けてきたのは、売買契約の申込みの意思表示であるといえる。

一方、消費者が送り付けられた商品を受け取る行為は、承諾の意思表示には該当しない。その理由は次のとおりである。

まず第1に、送り付けられた商品を受け取るという行為は、単なる事実行為に過ぎないものであって、事業者に対して、消費者の意思を伝える行為には該当しない。

第2に、消費者は商品を受け取り開封して中身を

確認して初めて、送り付けられてきた商品の内容や送り付けてきた事業者の意図を知ることができるわけであって、受け取る段階では、それが事業者による特定の商品についての売買契約の申込みであるということを認識することはできない。したがって、それに対する承諾の意思を形成することもできない。

では、事業者が同封した文書に「受け取った商品を返送しない場合には、売買契約が成立したものとみなす」とした場合には、消費者が、事業者の指示に基づいて商品を返送しなければ売買契約は成立することになるだろうか。

契約が成立するためには、承諾と申込みの双方の意思表示が行われ、その意思表示の内容が一致していることが必要であるとされ、この契約に関する基本原理は、契約当事者が一方的に変更することは認められない。

例えば、悪質な電話勧誘販売の典型例として、電話勧誘業者が「契約の勧誘を断らなかったから、契約は成立した」と主張して譲らないケースがあるが、これが通用しないのと同じことである。

したがって、前述のような文書が同封されていたとしても、これは事業者による一方的な勝手な言い分に過ぎず、消費者は、これによって拘束されない。

以上のとおり、事業者から契約に基づかないで送り付けられた商品を受け取ったとしても、事業者からの売買契約の申込みを受け取ったにとどまり契約は成立していない。

消費者は、その申込みに対して承諾するかしないかを選択する自由がある。

消費者が、事業者に対して、購入する旨の通知、つまり、申込みに対する承諾の意思表示をすることによって売買契約が初めて成立することになる。

逆にいえば、消費者が、事業者に対して、購入する旨の通知をしなければ、契約は成立しない。つまり、売買代金を支払う義務は発生しないということになる。

そうすると、例えば、消費者が、商品を受け取った後で、購入する意図のもとに指定された売買代金を送金したり振り込みをしたりすれば、この代金の支払いが承諾の意思表示に該当することになり、売買契約は成立することになる。

4. 代金引換の場合の考え方

代金引換では、送られてきた内容を確認することなく代金を支払うしくみとなっている。そのため、いきなり配達されてきた場合には、「家族が注文したものかもしれない」などと、消費者が勘違いをして支払ってしまう場合がある。

このような場合には、商品の送付が、新たな契約の申込みであることを認識することができない状態で、勘違いしたまま代金を支払ったということになる。代金を支払った消費者には、「新たな売買契約の申込みに対して承諾をする」という内心的効果意思はない。

このような場合には、勘違いをして支払ったものに過ぎないものであって、そもそも承諾の意思表示ではないと評価するのが相当だと考えられる。仮に、その外形から承諾の意思表示としての表示行為に該当すると評価されるとしても、その内心的効果意思はないものであって、売買契約は錯誤によって取り消し得るというべきであろう。

5. 受け取った商品の取扱い

問題は、送り付けられた商品を購入するつもりがない場合の商品の取扱いである。

民法上は、他人のモノを法的義務がないにもかかわらず預かってしまった場合には、事務管理に該当するとされる。

民法では、697条において、

1　義務なく他人のために事務の管理を始めた者（以下この章において「管理者」という）は、その事務の性質に従い、最も本人の利益に適合する方法によって、その事務の管理（以下「事務管理」という）をしなければならない。
2　管理者は、本人の意思を知っているとき、又はこれを推知することができるときは、その意思に従って事務管理をしなければならない。

と定めている。

　その商品を預かり保管する法律上の義務はないのに、たまたま他人の商品を預かる結果となった場合には、事務管理者としての責任を負うこととなる。

　購入するつもりはないからと勝手に受け取った商品の廃棄処分をすることは認められないのである。事務管理者としては、本人が取りに来るまで保管をするか、本人に送り返す義務を負うことになる。ただし、保管等に費用がかかった場合には、「管理者は、本人のために有益な費用を支出したときは、本人に対し、その償還を請求することができる」（民法702条1項）。

　しかし、一方的に商品を送り付けるという迷惑かつ強引な商法を行う事業者のために消費者が事務管理の責任を負わなければならないというのでは、負担が大きく均衡を失することになる。

　そこで、特商法59条1項では、

販売業者は、売買契約の申込みを受けた場合におけるその申込みをした者及び売買契約を締結した場合におけるその購入者（以下、この項において「申込者等」という）以外の者に対して売買契約の申込みをし、かつ、その申込みに係る商品を送付した場合又は申込者等に対してその売買契約に係る商品以外の商品につき売買契約の申込みをし、かつ、その申込みに係る商品を送付した場合において、その商品の送付があつた日から起算して14日を経過する日（その日が、その商品の送付を受けた者が販売業者に対してその商品の引取りの請求をした場合におけるその請求の日から起算して7日を経過する日後であるときは、その7日を経過する日）までに、その商品の送付を受けた者がその申込みにつき承諾をせず、かつ、販売業者がその商品の引取りをしないときは、その送付した商品の返還を請求することができない。

として、商品の保管義務期間を原則として14日間とした。この保管期間は、消費者が引取りを要求した場合には、引取りを要求した日から起算して7日間に短縮される。

　保管期間経過後は、送り付け事業者は「その送付した商品の返還を請求することができない」。つまり、消費者は、受け取った商品を廃棄処分してもよいということになる。

6. 受取人にとって商行為となる場合

　上記の保管期間の短縮制度に対して、特商法59条2項は、「前項の規定は、その商品の送付を受けた者のために商行為となる売買契約の申込みについては、適用しない。」と定めている。

　したがって、受取人にとって商行為（商法501条以下で範囲が定義されている）に該当する場合には、民法の事務管理の原則によって処理することになる。つまり、保管期間の短縮制度は適用されないので、送り主が取りに来るまで保管しておくか、着払いで送り返す方法を採ることになる。もっとも、この場合にも、

売買契約が成立するわけではないので、売買代金を支払う義務はない。

　商行為には、絶対的商行為、営利的商行為、付属的商行為の3種類がある。

　受け取った商品が仕入れ商品で、小売りをするために受け取った場合には、取引自体に営利性がある絶対的商行為（商法501条）に該当し、その行為の性質自体が商行為とされる（ネガティブ・オプションでは、これに該当するようなケースは考えにくい）。

　多いのは、商人が営業として行うことにより商行為とされる、付属的商行為（商法503条）に該当する場合である。商人が行う行為は、営業のためにするものと推定される（同条2項）ため、商人が行った行為は、原則として商行為に該当すると推定されることになる（同条1項）。典型的なケースは、受取人が「商人」で、税務に関する書籍など営業に関連する商品が送付された場合である。商人が行った取引は、付属的商行為、すなわち、商人がその営業活動に利用するために行う行為と推定される。

　したがって、受取人が販売業などを行う会社である場合には「商行為」に該当する場合があることになる。

　図書館・病院・お寺などへの書籍のネガティブ・オプション被害も少なくないが、この場合には商行為には該当しないので、特商法に基づいた取扱いとなる。

誌上法学講座
―特定商取引法を学ぶ―
第11章

個別クレジット契約を利用しているとき

（1）問題の所在

消費者が個別クレジット契約を利用すると、販売業者との間で「販売契約」を締結するとともに、個別クレジット会社との間で販売代金を消費者に代わって立て替えて支払ってもらい、後日、立替手数料を加えた金額を返済していくという「立替払契約」を締結するしくみとなる**（図5）**。

法的には、販売業者との販売契約と、個別クレジット会社との立替払契約とがあることになり、契約の相手方も内容も異なる2種類の契約の取扱いが問題となる。このような契約関係を、民法上は「複数契約」といい、下記のような特殊な法律問題が生ずる点が大きな課題となっている。

特殊な法律問題とは具体的には、販売契約をクーリング・オフや、過量販売解除や、取消しをした場合に、個別クレジット会社に対して支払いを拒絶できるか、さらには、個別クレジット会社に支払った金銭の返還を請求できるかなどの問題である。

2008年改正前の割販法では、消費者は、販売業者に対して、支払いを拒絶できる法律的な抗弁がある場合には、これを理由に個別クレジット会社に対する支払いを拒絶できるいわゆる「支払い停止の抗弁制度」があるのにとどまっていた。

2008年改正では、特商法とともに割販法も改正して、販売業者との契約が特商法で規制している訪問販売・電話勧誘販売・連鎖販売取引・特定継続的役務提供・業務提供誘引販売取引の5種類の取引（通信販売は除かれる）に限って、販売業者に対する民事ルールと個別クレジット会社に対する民事ルールとを連動させる趣旨の大幅な改正を行った。

これにより販売業者に支払い能力が乏しいために、販売業者からの返金が望めず消費者被害の救済が困難だったケースについても、個別クレジット会社に支払った金銭については、個別クレジット会社に対して返還を求めることができることとなった。さらに、悪質加盟店と加盟店契約を締結することは個別クレジット会社にとってデメリットでしかないことを制度的に明確化したものであり、抜本的な改正であった。

図5　個別クレジット契約のしくみ

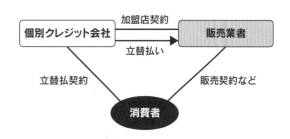

（2）クーリング・オフ制度の導入

販売契約等が特商法によるクーリング・オフができる場合には、販売契約等とともに割販法によって個別クレジット会社との立替払契約もクーリング・オフできる。立替払契約もクーリング・オフすれば、個別クレジット会社は、消費者から支払われた金銭を速やかに消費者に返還する義務を負う。なお、販売業者に頭金などを支払っている場合には、販売業者が速やかに返還する義務を負う。つまり、返金の清算方法が、支払った際の金銭の流れと逆回りになる。

クーリング・オフ期間の起算日との関係で注意すべきことは、特商法で規制している5類型については、

割販法によって個別クレジット会社に書面交付義務を課し、消費者が法定書面を受領した日を1日目としてクーリング・オフ期間を計算することとした点である。書面の交付義務者は個別クレジット会社であるが、法定の記載事項が充足していれば販売業者等を通じて交付することが可能とされている。実務上は販売業者が特商法の法定書面と同時に交付している実態がある。この場合は、販売契約等のクーリング・オフと個別クレジット会社との立替払契約のクーリング・オフの起算日は共通となる。法律で定められた記載事項は、特商法の法定記載事項のほか、個別クレジット会社に関すること、立替手数料、割賦販売価格、分割の支払期間・支払日・支払い方法などが必要である。

記載事項に不備がある場合には、クーリング・オフ期間は始まらないので、消費者が受領した書面の記載内容の確認は、相談業務においては重要である。また、クーリング・オフを妨害するために販売業者や個別クレジット会社が不実告知をしたり、威迫困惑行為があったために期間内にクーリング・オフをしなかった場合には、期間経過後もクーリング・オフができる。

クーリング・オフの通知は、法律上は、個別クレジット会社にのみ出せばよく、販売契約もクーリング・オフをしたものとみなすものと定められている。

しかし、消費生活相談では、消費者の安心と事務処理がスムーズに行くように配慮する必要があるので、同時に販売業者と個別クレジット会社にクーリング・オフの通知を出すよう助言するのが望ましい。

（3）過量販売解除制度

特商法では、訪問販売および電話勧誘販売で過量販売に該当する場合には、解除する契約を締結した日から1年間は契約の解除ができる。解除した場合の清算ルールはクーリング・オフの規定が準用される。

割販法では、個別クレジット契約を利用した場合には、販売契約とともに個別クレジット契約も過量販売を理由に解除できる。解除できる期間は、契約締結日から1年間である。個別クレジット契約と販売契約は、通常は契約条項で「個別クレジット契約が成立することを条件に販売契約が成立し、双方の契約は同時に成立したものとして扱う」とする趣旨の定めを設けている。つまり、販売契約と個別クレジット契約の締結は同時であり、解除期間も同一となっている。

解除の通知方法は、販売契約の解除は販売会社宛に、個別クレジット契約の解除は個別クレジット会社宛に出す必要がある。この双方への解除通知は、実務的には、同時に出す必要がある。具体的には、双方への解除通知の文書を1通ずつ作成し、2通を同時に郵便局から配達証明付きの内容証明郵便や簡易書留で出す。配達証明を付けるのは、解除期間内に相手方業者に解除通知が届いたことを明らかにしておくためである。

個別クレジット会社に対する解除通知が、販売契約の解除通知の後になってしまうと、支払い停止の抗弁しか認められなくなるので、「双方に同時に出す」ことが重要である。消費者の生活実態からみても、同時に2通を出す方法であれば実行が容易であり、負担にならないので、このように助言するのが現実的であろう。

過量販売解除制度は、個別クレジット会社が、契約を締結する時点で過量販売であることを知っていたことは必要とはされておらず、知らなかった場合であっても解除することができる制度となっている点に特徴がある。

（4）取消制度

　販売契約に特商法に定める取消事由がある場合には、販売契約とともに割販法による個別クレジット会社との契約も取り消すことができる。

　契約の締結について勧誘をする際に、販売する商品や役務、支払金額や支払い方法、解除に関する事項、その他の契約条項について不実のことを告げた場合（不実告知）と隠していた場合（故意の事実不告知）、契約の必要性に関すること、その他の消費者の契約の選択を左右するような重要な事項について不実のことを告げた場合には、販売契約だけではなく個別クレジット会社との契約も一緒に取り消すことができる。

　取消しができるのは、追認できるときから1年間、長くても契約締結から5年間である。取消通知は期間内に相手に到達する必要がある。「追認できるとき」とは、改正民法で、取消事由がやんだ後で、かつ取消ができることを取消権者（つまり、消費者）が知ったときと改正された。

　個別クレジット会社との契約では、契約の勧誘をするのは個別クレジット会社ではなく、販売業者であるが、販売業者が不実告知や故意の事実不告知をしたために消費者が誤認して契約した場合であれば、個別クレジット会社との契約も取り消すことができる。

　双方を取り消すことにより、販売業者に支払った金銭は販売業者に、個別クレジット会社に支払った金銭は個別クレジット会社に、それぞれ返還するよう請求できる。

　取消通知を出す際の注意点は、過量販売解除の場合と同様である。

参考資料

1. 全面的適用除外の法令

分野	業　法	条　文	具体例	備　考
金融取引関係	無尽業法*	1条	無尽、頼母子講	
	金融機関の信託業務の兼営等に関する法律*	1条1項	信託業務	
	農業協同組合法*	92条の2第2項、92条の4第1項、92条の5の2第2項	預貯金、定期預金、ローン、為替取引（振込など）	
	金融商品取引法*	2条8項・11項・35項、33条の3第1項6号イ、35条1項、63条2項、79条の7第1項、156条の24第1項、156条の27第1項	株、債券、投資信託、各種ファンド、金融デリバティブなどの金融商品に関する取引	適格機関投資家等特例業務(63条：プロ向けファンド)も適用除外とされている
	水産業協同組合法*	106条2項、108条1項、110条2項	預貯金、ローン、為替取引など	
	中小企業等協同組合法*	69条の2第6項1号	ADR	
	協同組合による金融事業に関する法律	6条の3第2項、6条の5第1項、6条の5の2第2項	預金、融資、株、債券、投資信託、各種ファンドなどの金融商品に関する取引	
	信用金庫法*	85条の2第2項、85条の4第2項、89条5項		
	長期信用銀行法*	6条1項〜3項、6条の2、8条、16条の5第2項、17条		
	労働金庫法*	89条の3第2項、89条の5第2項、94条3項		
	銀行法*	2条14項・17項、10条1項・2項、11条、12条、52条の42第1項		
	貸金業法*	2条1項	消費者金融	
	資金決済に関する法律*	2条2項・7項、3条1項	前払式の電子マネー、資金移動業（振込）、暗号資産（仮想通貨）	旧「プリペイドカード法」
	保険業法*	2条25項・26項、97条1項、98条1項、99条1項〜3項、100条、199条、272条の11第1項・第2項など	生命保険、損害保険、疾病障害保険、共済	
	資産の流動化に関する法律	2条2項、208条1項、286条1項	デリバティブの一種	
	農林中央金庫法*	95条の2第2項、95条の4第1項、95条の5の2第2項	預貯金、ローン	
	信託業法*	2条1項・3項・8項、21条1項・2項、63条2項	信託受益権	
	株式会社商工組合中央金庫法	21条1項・3項・4項・7項、33条、60条の2第1項	預貯金、ローン、為替取引など	
	電子記録債権法	57条	電子記録債権に係る電子記録に関する業務	
通信・放送関係	放送法	2条1号	放送関係の契約	有線ラジオ放送法、有線テレビジョン放送法、電気通信役務利用放送法を、放送法に統合
	電気通信事業法	2条4号	プロバイダー契約、インターネット回線契約、携帯電話の通信契約など	

分野	業 法	条 文	具 体 例	備 考
運輸関係	軌道法	3条	運送契約、乗り物の切符の購入など	
	海上運送法	2条5項、21条1項		
	道路運送法	3条1号		
	内航海運業法	2条2項		
	航空法	2条18項、129条1項、130条の2		
	鉄道事業法	2条1項・5項		
	貨物利用運送事業法	2条7項・8項		
	貨物自動車運送事業法	2条2項・4項	引っ越し、宅配便	
	自動車運転代行業の業務の適正化に関する法律	2条1項	自動車の運転代行契約	
いわゆる「士業」	弁護士法	3条1項、5条1項、5条の2第1項、5条の3、30条の5、50条の5	弁護士との契約	
	公認会計士法	2条1項・2項、34条の5	公認会計士との契約	
	司法書士法	3条1項、29条1項	司法書士との契約	
	土地家屋調査士法	3条1項、29条1項	土地家屋調査士との契約	
	行政書士法	1条の2第1項、1条の3、13条の6	行政書士との契約	
	税理士法	2条1項・2項、2条の2第1項、48条の5、48条の6	税理士との契約	
	社会保険労務士法	2条1項、2条の2第1項、25条の9第1項、25条の9の2	社会保険労務士との契約	
	弁理士法	4条、5条1項、6条、6条の2第1項、40条、41条	弁理士との契約	
その他	宅地建物取引業法	2条2号	宅地建物取引、宅地建物取引の代理・媒介、投資用マンション	
	旅行業法	2条3項	パック旅行、手配旅行など	
	商品先物取引法	2条22項・28項	商品先物取引(国内、外国とも)、商品のオプション取引など	旧「商品取引所法」+「海先法」
	道路運送車両法	78条4項	自動車の点検及び整備	
	倉庫業法	2条2項	トランクルーム	
	国民年金法	128条1項	国民年金	
	割賦販売法	2条3項・4項	包括信用購入あっせん(クレジットカード)、個別クレジット契約	信用購入あっせん取引関係
	積立式宅地建物販売業法	2条2号	積立式宅地建物販売	
	商品投資に係る事業の規制に関する法律	2条3項	商品ファンド	
	不動産特定共同事業法	2条4項・6項	不動産への共同投資	
	裁判外紛争解決手続の利用の促進に関する法律	2条3号	各種ADR	各法(*)で規定するADR等も適用除外とされている
	消費者の財産的被害の集団的な回復のための民事の裁判手続の特例に関する法律	65条2項	特定適格消費者団体による裁判手続	
	住宅宿泊事業法	2条8項	住宅宿泊仲介業者が行う民泊契約の代理・媒介・取次	

2. インターネット・オークションにおける「販売業者」に係るガイドライン

1 考え方

　特定商取引に関する法律（以下「特定商取引法」という。）上の商品等の通信販売をする事業者には、必要的広告表示事項の表示（同法第11条）及び誇大広告等の禁止（第12条）等の義務が課せられている。インターネット・オークションを通じて販売を行っている場合であっても、営利の意思を持って反復継続して販売を行う場合は、法人・個人を問わず事業者に該当し、特定商取引法の規制対象となる。

2 説明

　インターネット上で申込を受けて行う商品等の販売は、オークションも含めて特定商取引法上の通信販売に該当する。したがって、インターネット・オークションを通じて商品等を販売する事業者には、特定商取引法の必要的広告表示事項の表示及び誇大広告等の禁止等の義務が課されており、違反した場合は行政処分や罰則の適用を受ける。

　特定商取引法において、販売業者とは、販売を業として営む者の意味であり、「業として営む」とは、営利の意思を持って反復継続して取引を行うことをいう。営利の意思の有無は客観的に判断される。例えば、転売目的で商品の仕入れ等を行う場合は営利の意思があると判断される。

　「営利の意思」及び「反復継続」は、インターネット・オークション以外の場における取引も含めて総合的に考慮して判断される。すなわち、例えば、インターネット・オークション以外の場（インターネット、現実の場を問わない）における事業者が、その事業で取扱う商品をオークションに出品する場合は、その数量や金額等にかかわらず原則として販売業者に当たる。したがって、例えば、個人事業者が現実の場における

事業で取り扱う商品を、単発的にインターネット・オークションを利用して出品する場合は、販売業者による取引に当たる。

　また、インターネット・オークション以外の場における取引の態様にかかわらず、インターネット・オークションにおいて以下のような出品をする場合は、通常、当該出品者は販売業者に該当すると考えられる。

　インターネット・オークションは、これまで消費者でしかなかった個人が容易に販売業者になることができるというシステムであるが、個人であっても販売業者に該当する場合には、特定商取引法の規制対象となることに注意が必要である。

（1）すべてのカテゴリー・商品について

　インターネット・オークションでは、個人が不要品や趣味の収集物等を多数販売するという実態を考慮する必要があるが[5]、例えば、以下の場合には、特別の事情がある場合を除き、営利の意思を持って反復継続して取引を行う者として販売業者に該当すると考えられる。但し、これらを下回っていれば販売業者でないとは限らない。商品の種類によっても異なるが、一般に、特に、メーカー、型番等が全く同一の新品の商品を複数出品している場合は、販売業者に該当する可能性が高いことに留意すべきである。

①過去1ヶ月に200点以上又は一時点において100点以上の商品を新規出品している場合

　但し、トレーディングカード、フィギュア、中古音楽CD、アイドル写真等、趣味の収集物を処分・交換する目的で出品する場合は、この限りではない。

②落札額の合計が過去1ヶ月に100万円以上である場合

　但し、自動車、絵画、骨董品、ピアノ等の高額

---

[5]　本解釈指針は、こうしたインターネット・オークションの特性を踏まえて作成したものであり、その他の特定商取引法の取引類型には当てはめられるべきものでないことは当然である。

商品であって1点で100万円を超えるものについては、同時に出品している他の物品の種類や数等の出品態様等を併せて総合的に判断される。

③落札額の合計が過去1年間に1,000万円以上である場合

（2）特定のカテゴリー・商品について

特定のカテゴリーや商品の特性に着目してインターネット・オークションにおける取引実態を分析すると、よりきめ細かい判断が可能となる。以下に、消費者トラブルが多い商品を中心に、通常、販売業者に当たると考えられる場合を例示する。

以下で示す「消費者トラブルの多いカテゴリー又は商品に関する表」（以下「表」という。）の①（家電製品等）について、同一の商品を一時点において5点以上出品している場合

この場合の「同一の商品」とは、カメラ、パソコン、テレビ等、同種の品目を言い、メーカー、機能、型番等が同一である必要はないと考えられる。

表②（自動車・二輪車の部品等）について、同一の商品を一時点において3点以上出品している場合

この場合の「同一の商品」とは、ホイール、バンパー、エンブレム等、同種の品目を言い、メーカー、商品名等が同一である必要はないと考えられる。なお、ホイール等複数点をセットとして用いるものについてはセットごとに数えることが適当である。

表③（CD・DVD・パソコン用ソフト）について、同一の商品を一時点において3点以上出品している場合

この場合の「同一の商品」とは、メーカー、商品名、コンテンツ等が全て同一の商品を言う。

表④（いわゆるブランド品）に該当する商品を一時点において20点以上出品している場合

表⑤（インクカートリッジ）に該当する商品を一時点において20点以上出品している場合

表⑥（健康食品）に該当する商品を一時点において20点以上出品している場合

表⑦（チケット等）に該当する商品を一時点において20点以上出品している場合

以上は、インターネット・オークションにおけるあらゆる出品を網羅しているものではなく、消費者トラブルが多い商品を中心に、通常は販売業者に該当すると考えられる場合を例示するものである。出品者が販売業者に該当するかどうかについては、上記で例示されていないものも含め、個別事案ごとに客観的に判断されることに留意する必要がある。例えば、一時点における出品数が上記を下回っていても転売目的による仕入れ等を行わずに処分する頻度を超えて出品を繰り返している場合などは、販売業者に該当する可能性が高く、上記に該当しなければ販売業者でないとは限らない。

なお、上記の前提として、インターネット・オークション事業者は、出品者の銀行口座番号、クレジットカード番号、メールアドレス、携帯電話契約者情報等の管理を通じて、同一人が複数のID（オークションを利用するためのもの）を取得することを排除することが求められる[6]。

---

[6] 国、関係機関及び事業者は、本論点の考え方に沿って、販売業者に該当すると考えられる場合には、特定商取引法の表示義務について啓発等を行うことが求められる。

消費者トラブルの多いカテゴリー又は商品に関する表

①家電製品等	●写真機械器具 ●ラジオ受信機、テレビジョン受信機、電気冷蔵庫、エアコンディショナー、その他の家庭用電気機械器具、照明用具、漏電遮断機及び電圧調整器 ●電話機、インターホン、ファクシミリ装置、携帯用非常無線装置及びアマチュア無線用機器 ●電子式卓上計算機並びに電子計算機並びにその部品及び付属品
②自動車・二輪車の部品等	以下の商品のうち、部品及び付属品 ●乗用自動車及び自動二輪車（原動機付自転車を含む。）並びにこれらの部品及び付属品
③CD、DVD、パソコン用ソフト	●磁気記録媒体並びにレコードプレーヤー用レコード及び磁気的方法又は光学的方法により音、映像又はプログラムを記録した物
④いわゆるブランド品	以下の商品のうち、登録商標（日本国特許庁において登録されたもの）が使用されたものであって偽物が多数出品されている商品 ●時計　　●衣服 ●ネクタイ、マフラー、ハンドバック、かばん、傘、つえ、サングラス（視力補正用のものを除く。）その他の身の回り品、指輪、ネックレス、カフスボタンその他の装身具、喫煙具及び化粧用具
⑤インクカートリッジ	以下の商品のうち、プリンター用インクカートリッジ ●シャープペンシル、万年筆、ボールペン、インクスタンド、定規その他これらに類する事務用品、印章及び印肉、アルバム並びに絵画用品
⑥健康食品	●動物及び植物の加工品（一般の飲食の用に供されないものに限る。）であって、人が摂取するもの（医薬品（医薬品、医療機器等の品質、有効性及び安全性の確保等に関する法律（昭和35年法律第145号）第2条第1項の医薬品をいう。以下同じ。）を除く。）
⑦チケット等	●保養のための施設又はスポーツ施設を利用する権利[別表第1−1] ●映画、演劇、音楽、スポーツ、写真又は絵画、彫刻その他の美術工芸品を鑑賞し、又は観覧する権利[別表第1−2]

※[　]内の数字は、特定商取引に関する法律施行令別表第1に定める特定権利の番号を指す。**(本書6ページ 表2参照)**

3. 主な違反行為と罰則

違反行為 ／ 罰則	個　人	法　人
禁止行為違反 （不実告知、故意の事実不告知、威迫困惑、勧誘目的隠匿）	3年以下の懲役又は300万円以下の罰金（法70条1号）	1億円以下の罰金（法74条1項2号）
書面交付義務違反 （全取引類型）	6月以下の懲役又は100万円以下の罰金（法71条1号）	100万円以下の罰金（法74条1項3号）
誇大広告の禁止違反、電子メール広告のオプトイン規制違反、前払式通信販売・前払式電話勧誘販売における承諾等の通知義務違反、連鎖販売取引・業務提供誘引販売取引における広告表示義務違反、特定継続的役務提供における業務・財産状況書類の備付け及び閲覧等の義務違反	100万円以下の罰金（法72条1項1号〜7号）	100万円以下の罰金（法74条1項3号）
業務停止命令違反 業務禁止命令違反	3年以下の懲役又は300万円以下の罰金（法70条2号）	3億円以下の罰金（法74条1項1号）
指示違反	6月以下の懲役又は100万円以下の罰金（法71条2号）	100万円以下の罰金（法74条1項3号）
検査忌避（報告・立入検査）	6月以下の懲役又は100万円以下の罰金（法71条3、4号）	100万円以下の罰金（法74条1項3号）
オプトイン規制に違反して送付した電子メール広告上の表示義務違反・誇大広告の禁止違反	1年以下の懲役又は200万円以下の罰金（法72条2項）	200万円以下の罰金（法74条1項3号）

4. 禁止行為と指示対象行為

（1）訪問販売

禁止行為（法6条）	
（勧誘時及び解除妨害のための）不実告知	法6条1項（1号〜7号） 省令6条の2
（勧誘時の）故意の事実不告知（法6条1項1号〜5号の事項に関する）	法6条2項
（勧誘時及び解除妨害のための）威迫・困惑行為	法6条3項
勧誘目的を告げず、公衆の出入りしない場所での勧誘	法6条4項

指示対象行為（法7条）	
●氏名等の明示・勧誘目的の告知義務違反（法3条） ●再勧誘の禁止違反（法3条の2第2項） ●申込書面・契約書面の交付義務違反（法4条、5条） ●禁止行為違反（法6条）	法7条1項
債務の履行拒否・履行遅延	法7条1項1号
（勧誘時の）故意の事実不告知（法6条1項1号〜5号の事項を除く）	法7条1項2号
（解除妨害のための）故意の事実不告知	法7条1項3号
過量販売の勧誘（次々販売の結果の過量を含む）	法7条1項4号 省令6条の3

（法7条1項5号）前各号のほか省令で定める以下の行為	迷惑を覚えさせる勧誘・解除妨害	省令7条1号
	判断力不足に乗じた勧誘	省令7条2号
	適合性原則に反する勧誘（法7条1項4号の事項を除く）*7	省令7条3号
	契約書面への虚偽記載教唆	省令7条4号
	明示的同意のない生命保険契約	省令7条5号
	支払能力虚偽申告教唆、貸金業者の営業所等への連行、個別クレジット契約・借入・預貯金引出し等の迷惑勧誘	省令7条6号（イ〜ハ）
	（勧誘時の）公共の場所でのつきまとい行為	省令7条7号
	消耗品の開封誘導によるクーリング・オフ妨害	省令7条8号

＊7　顧客の知識、経験及び財産の状況に照らして不適当と認められる勧誘

(2) 通信販売

指示対象行為（法14条）	
●広告表示義務違反（法11条） ●誇大広告の禁止違反（法12条） ●未承諾者への電子メール広告の禁止（オプトイン規制）違反（法12条の3（第5項を除く）） ●未承諾者へのファクシミリ広告の禁止（オプトイン規制）違反（法12条の5） ●前払式通信販売における承諾等の通知義務違反（法13条1項） ●電子メール広告受託事業者による未承諾者への電子メール広告の禁止（オプトイン規制）違反（法12条の4第1項） ●電子メール広告受託事業者が法12条の3第2項から第4項までの規定に違反する行為（法12条の4第2項）	法14条1項、2項
（販売業者・役務提供事業者） ●債務の履行拒否・履行遅延	法14条1項1号
顧客の意に反して申込みをさせる行為 （販売業者・役務提供事業者） ●電子契約において、 　①電子計算機の操作が申込みになることが容易に認識できない表示 　②申込内容を容易に確認・訂正できない表示 ●書面での契約において、はがき等の書面の送付で申込みになることが容易に認識できない表示	法14条1項2号 省令16条1項（1号～3号）
（販売業者・役務提供事業者） ●ホームページ、電子メール、書面等において、電子メール広告の送信の承諾・請求と容易に認識できない表示 ●法12条の4第1項及び法12条の3第2項から第4項までの規定のいずれかの違反行為を行っている電子メール広告受託事業者への業務委託	法14条1項3号 省令16条2項（1号～3号）
顧客の意に反して申込みをさせる行為 （電子メール広告受託事業者） 電子契約において、電子計算機の操作が申込みになることが容易に認識できない表示	法14条2項1号 省令16条3項
（電子メール広告受託事業者） ホームページ、電子メール、書面等において、電子メール広告の送信の承諾・請求と容易に認識できない表示	法14条2項2号 省令16条4項（1号、2号）

(3) 電話勧誘販売

禁止行為（法21条）	
（勧誘時及び解除妨害のための）不実告知	法21条1項（1号〜7号） 省令22条の2
（勧誘時の）故意の事実不告知（法21条1項1号〜5号の事項に関する）	法21条2項
（勧誘時及び解除妨害のための）威迫・困惑行為	法21条3項
指示対象行為（法22条）	
● 氏名等の明示・勧誘目的の告知義務違反（法16条） ● 再勧誘の禁止違反（法17条） ● 申込書面・契約書面の交付義務違反（法18条、法19条） ● 前払式電話勧誘販売における承諾等の通知義務違反（法20条） ● 禁止行為違反（法21条）	法22条1項
債務の履行拒否・履行遅延	法22条1項1号
（勧誘時の）故意の事実不告知（法21条1項1号〜5号の事項を除く）	法22条1項2号
（解除妨害のための）故意の事実不告知	法22条1項3号
過量販売の勧誘（次々販売の結果の過量を含む）	法22条1項4号 省令22条の3
前各号のほか省令で定める以下の行為（法22条1項5号） 迷惑を覚えさせる勧誘・解除妨害	省令23条1号
判断力不足に乗じた勧誘	省令23条2号
適合性原則に反する勧誘（法22条1項4号の事項を除く）	省令23条3号
契約書面への虚偽記載教唆	省令23条4号
支払能力虚偽申告教唆、個別クレジット契約・借入・預貯金引出し等の迷惑勧誘	省令23条5号（イ、ロ）
消耗品の開封誘導によるクーリング・オフ妨害	省令23条6号

（4）連鎖販売取引

禁止行為（法34条）		
（統括者・勧誘者） （勧誘時及び解除妨害のための）不実告知、故意の事実不告知		法34条1項（1号〜5号） 省令24条の2
（一般連鎖販売業者） （勧誘時及び解除妨害のための）不実告知（法34条1項1号〜5号の事項に関する）		法34条2項
（統括者・勧誘者・一般連鎖販売業者） （勧誘時及び解除妨害のための）威迫・困惑行為		法34条3項
（統括者・勧誘者・一般連鎖販売業者） 勧誘目的を隠して公衆の出入りしない場所での勧誘		法34条4項

指示対象行為（法38条）		
（統括者・勧誘者・一般連鎖販売業者）	●氏名等の明示・勧誘目的の告知義務違反（法33条の2） ●禁止行為違反（法34条） ●広告表示義務違反（法35条） ●誇大広告の禁止違反（法36条） ●未承諾者への電子メール広告の禁止（オプトイン規制）違反（法36条の3（第5項を除く）） ●概要書面・契約書面の交付義務違反（法37条）	（統括者） 　法38条1項 （勧誘者） 　法38条2項 （一般連鎖販売業者） 　法38条3項
	●債務の履行拒否・履行遅延 ●断定的判断の提供 ●迷惑を覚えさせる勧誘	（統括者） 　法38条1項（1号〜3号） （勧誘者） 　法38条2項 （一般連鎖販売業者） 　法38条3項1号
（統括者・勧誘者・一般連鎖販売業者）（法38条1項4号）前各号のほか省令で定める以下の行為	迷惑を覚えさせる解除妨害	省令31条1号
	（勧誘時及び解除妨害のための）故意の事実不告知教唆・不実告知教唆	省令31条2号
	（勧誘時及び解除妨害のための）威迫・困惑行為の教唆	省令31条3号
	書面不交付・不備もしくは虚偽記載書面交付の教唆	省令31条4号
	判断力不足に乗じた勧誘	省令31条5号
	適合性原則に反する勧誘	省令31条6号
	契約書面への虚偽記載教唆	省令31条7号
	支払能力虚偽申告教唆、貸金業者の営業所等への連行、個別クレジット契約・借入・預貯金引出し等の迷惑勧誘	省令31条8号（イ〜ハ）
	●ホームページ、電子メール、書面等において、電子メール広告の送信の承諾・請求と容易に認識できない表示 ●法36条の4第1項及び法36条の3第2項から第4項までの規定のいずれかの違反行為を行っている電子メール広告受託事業者への業務委託	省令31条（9号〜11号）
（一般連鎖販売業者）（勧誘時及び解除妨害のための）故意の事実不告知		法38条3項2号
（電子メール広告受託事業者） ●未承諾者への電子メール広告の禁止（オプトイン規制）違反（法36条の4第1項） ●法36条の3第2項から第4項までの規定に違反する行為（法36条の4第2項）		法38条4項

（5） 特定継続的役務提供

禁止行為（法44条）	
（勧誘時及び解除妨害のための）不実告知	法44条1項（1号～8号）省令37条の2
（勧誘時の）故意の事実不告知（法44条1項1号～6号の事項に関する）	法44条2項
（勧誘時及び解除妨害のための）威迫・困惑行為	法44条3項

指示対象行為（法46条）		
● 概要書面・契約書面の交付義務違反（法42条） ● 誇大広告の禁止違反（法43条） ● 禁止行為違反（法44条） ● 業務・財産に関する書類の備置義務違反（法45条）		法46条1項
債務の履行拒否・履行遅延		法46条1項1号
（勧誘時の）故意の事実不告知（法44条1項1号～6号の事項を除く）		法46条1項2号
（解除妨害のための）故意の事実不告知		法46条1項3号
前各号のほか省令で定める以下の行為（法46条1項4号）	迷惑を覚えさせる勧誘・解除妨害	省令39条1号
	判断力不足に乗じた勧誘	省令39条2号
	適合性原則に反する勧誘	省令39条3号
	契約書面への虚偽記載教唆	省令39条4号
	支払能力虚偽申告教唆、貸金業者の営業所等への連行、個別クレジット契約・借入・預貯金引出し等の迷惑勧誘	省令39条5号（イ～ハ）
	消耗品の開封誘導によるクーリング・オフ妨害	省令39条6号
	関連商品販売契約における債務の履行拒否・履行遅延	省令39条7号

（6）業務提供誘引販売取引

禁止行為（法52条）	
（勧誘時及び解除妨害のための）不実告知、故意の事実不告知	法52条1項（1号～5号） 省令39条の3
（勧誘時及び解除妨害のための）威迫・困惑行為	法52条2項
勧誘目的を隠して公衆の出入りしない場所での勧誘	法52条3項

指示対象行為（法56条）		
●氏名等の明示・勧誘目的の告知義務違反（法51条の2） ●禁止行為違反（法52条） ●広告表示義務違反（法53条） ●誇大広告の禁止違反（法54条） ●未承諾者への電子メール広告の禁止（オプトイン規制）違反（法54条の3（第5項を除く）） ●概要書面・契約書面の交付義務違反（法55条）		法56条1項
債務の履行拒否・履行遅延		法56条1項1号
断定的判断の提供		法56条1項2号
迷惑を覚えさせる勧誘		法56条1項3号
（法56条1項4号） 前各号のほか省令で定める以下の行為	迷惑を覚えさせる解除妨害	省令46条1号
	判断力不足に乗じた勧誘	省令46条2号
	適合性原則に反する勧誘	省令46条3号
	契約書面への虚偽記載教唆	省令46条4号
	支払能力虚偽申告教唆、貸金業者の営業所等への連行、個別クレジット契約・借入・預貯金引出し等の迷惑勧誘	省令46条5号（イ～ハ）
	●ホームページ、電子メール、書面等において、電子メール広告の送信の承諾・請求と容易に認識できない表示 ●法54条の4第1項及び法54条の3第2項から第4項までの規定のいずれかの違反行為を行っている電子メール広告受託事業者への業務委託	省令46条（6号～8号）
（電子メール広告受託事業者） ●未承諾者への電子メール広告の禁止（オプトイン規制）違反（法54条の4第1項） ●法54条の3第2項から第4項までの規定に違反する行為（法54条の4第2項）		法56条2項

(7) 訪問購入

禁止行為（法58条の10）	
（勧誘時及び解除妨害のための）不実告知	法58条の10第1項 （1号～8号） 省令51条
（勧誘時の）故意の事実不告知（法58条の10第1項1号～6号の事項に関する）	法58条の10第2項
（勧誘時及び解除妨害のための）威迫・困惑行為	法58条の10第3項
物品の引渡しを受けるための不実告知・故意の事実不告知	法58条の10第4項
物品の引渡しを受けるための威迫・困惑行為	法58条の10第5項

指示対象行為（法58条の12）		
● 氏名等の明示・勧誘目的の告知義務違反（法58条の5） ● 不招請勧誘の禁止違反、再勧誘の禁止違反等（法58条の6） ● 申込書面・契約書面の交付義務違反（法58条の7、法58条の8） ● 物品の引渡しの拒絶に関する告知義務違反（法58条の9） ● 禁止行為違反（法58条の10） ● 第三者への物品の引渡しについての相手方に対する通知義務違反（法58条の11） ● 物品の引渡しを受ける第三者に対する通知義務違反（法58条の11の2）		法58条の12第1項
債務の履行拒否・履行遅延		法58条の12第1項1号
（勧誘時の）故意の事実不告知（法58条の10第1項1号～6号の事項を除く）		法58条の12第1項2号
（解除妨害のための）故意の事実不告知		法58条の12第1項3号
前各号のほか省令で定める以下の行為（法58条の12第1項4号）	迷惑を覚えさせる勧誘・物品の引渡し、迷惑を覚えさせる解除妨害・物品の引渡し拒絶妨害	省令54条1号
	判断力不足に乗じた勧誘・物品の引渡し	省令54条2号
	適合性原則に反する勧誘	省令54条3号
	契約書面への虚偽記載教唆	省令54条4号
	（勧誘時の）公共の場所でのつきまとい行為	省令54条5号

5. インターネット通販における「意に反して契約の申込みをさせようとする行為」に係るガイドライン（「いわゆる定期購入契約の場合」など一部抜粋）

いわゆる定期購入契約*8の場合

（1）省令16条1項1号（電子契約において、当該操作が申込みになることが容易に認識できない表示）に<u>該当しないと考えられる行為</u>

A. 申込みの最終確認画面に申込者が締結することとなる定期購入契約（以下単に「定期購入契約という。）の主な内容*9が全て表示され、その画面上で「この内容で注文する」といったボタンをクリックしてはじめて申込みになる場合。（参考：【画面例7】）

B. 「注文内容を確認する」といったボタンをクリックすることにより定期購入契約の主な内容が全て表示され、当該操作を行ってはじめて申込みが可能となっている場合。（参考：【画面例8】）

【画面例7】

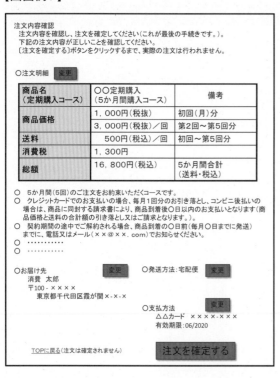

【画面例8】

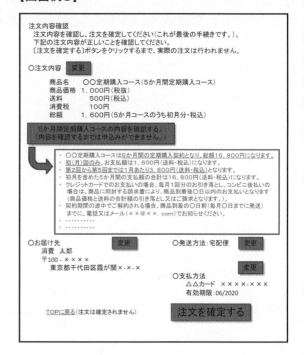

＊8　販売業者が購入者に対して商品を定期的に継続して引き渡し、購入者がこれに対する代金の支払をすることとなる契約

＊9　契約期間（商品の引渡しの回数、購入者から解約通知がない限り契約が継続する無期限又は自動更新のある契約である場合にはその旨）、消費者が支払うこととなる金額（各回ごとの商品の代金及び送料並びに支払総額等）、各回ごとの商品の代金の支払時期及びその他の特別の販売条件（購入者が商品を購入しなければならない回数が決められている場合にはその旨及びその回数並びに解約条件等）。なお、解約条件等の定期購入契約の主な内容に商品の引渡時期が密接に関連する場合は、各回ごとの商品の引渡時期も含まれる。

（2）省令16条1項1号に<u>該当するおそれがある行為</u>

A. 申込みの最終段階の画面上において、定期購入契約の主な内容の全てが表示されていない場合。

B. 申込みの最終段階の画面上において、定期購入契約の主な内容の全てが容易に認識できないほどその一部が離れた場所に表示されている場合。（**参考：【画面例9】**）

【画面例9】

```
┌─────────────────────────────────────────────┐
│     ┌──────────────────────────────────┐     │
│     │      ○○コース お試し価格          │     │
│     ├──────────────────────────────────┤     │
│     │ 通常価格 3,000円(税抜) → 1,000円(67%OFF！)│   │
│     └──────────────────────────────────┘     │
│  商品説明                                     │
│   1 大人気の○○を今だけお試し価格でご提供！   │
│     ○○○○○○○○○○○○○○○○○○○○○○○○○│
│   2 ○○○○○○○○○○○○○○○○○○○○○○○○○│
│                                               │
│   ○注文明細    [変更]    ○お届け先  [変更]   │
│                                               │
│     商品名   ○○コース       消費 太郎        │
│     商品価格 1,000円(税抜)   〒100-××××      │
│     送料    500円(税込)    東京都千代田区霞が関×-×-×│
│     消費税   100円                            │
│     総額    1,600円(税込)  ○支払方法  [変更]  │
│                                               │
│   ○発送方法:宅配便 [変更]   △△カード ××××-×××│
│                            有効期限:06/2020   │
│                                               │
│   TOPに戻る(注文は確定されません)  [注文を確定する]│
└─────────────────────────────────────────────┘
  〜〜〜〜〜〜〜〜〜〜〜〜〜〜〜〜〜〜〜〜〜〜〜
```

・ ○○コースは5か月間の定期購入契約となります。
・ 5か月間の定期購入を条件に、初(月)回が1,600円(送料・税込)になります。
・ 第2回から第5回までは1月あたり3,800円(送料・税込)になります。
・ 初月を含めた5か月間の支払額の合計は16,800円(送料・税込)になります。
・ クレジットカードでのお支払いの場合、毎月1回分のお引き落とし、コンビニ後払いの場合は、商品に同封する請求書により、商品到着後○日以内のお支払いとなります(商品価格と送料の合計額の引き落とし又はご請求となります。)。
・ 契約期間の途中でご解約される場合、商品到着の○日前(毎月○日までに発送)までに、電話又はメール(××@××.com)でお知らせください。
・ △……
・ △……

（3）省令16条1項2号（電子契約において、申込みをする際に消費者が申込み内容を容易に確認し、かつ、訂正できない表示）に<u>該当しないと考えられる行為</u>

以下の①及び②の両方を充たしているような場合は、一般に、2号で定める行為に該当しないと考えられる。

（参考：①Aかつ②A【画面例7】、①Bかつ②A【画面例8】）

①申込みの最終段階で、以下のいずれかの措置が講じられ、定期購入契約の主な内容を容易に確認できるようになっていること。

A. 申込みの最終段階の画面上において、定期購入契約の主な内容が全て表示され、確認できるようになっている場合。

B. 申込みの最終段階の画面上において、「注文内容を確認する」といったボタンをクリックすることにより定期購入契約の主な内容の全てが確認できる場合。

②①により定期購入契約の主な内容の全てを確認した上で、以下のいずれかの措置により、容易に訂正できるようになっていること。

A. 申込みの最終段階の画面上において、「変更」「取消し」といったボタンが用意され、そのボタンをクリックすることにより訂正できるようになっている場合。

B. 申込みの最終段階の画面上において、「修正したい部分があれば、ブラウザの戻るボタンで前のページに戻ってください」といった説明が見易く表示されている場合。

【画面例7】 ※再掲
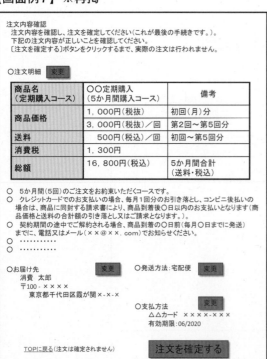

【画面例8】 ※再掲
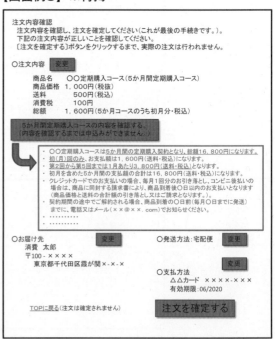

（4）省令16条1項2号に該当するおそれがある行為

　申込みの最終段階の画面上において、定期購入契約の主な内容が全て表示されず、又はその一部が容易に認識できないほど離れた場所に表示されており、これを確認及び訂正するための手段（「注文内容を確認する」などのボタンの設定や、「ブラウザの戻るボタンで前に戻ることができる」旨の説明）も提供されていない場合。

（参考：【画面例10】）

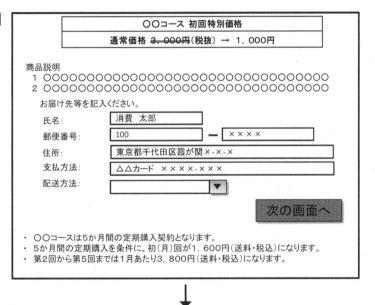

【画面例10】
ステップ1

```
┌──────────────────────────────────────┐
│          ○○コース 初回特別価格            │
├──────────────────────────────────────┤
│   通常価格 3,000円(税抜) → 1,000円      │
└──────────────────────────────────────┘
商品説明
 1 ○○○○○○○○○○○○○○○○○○○○○○○○○○○○○○
 2 ○○○○○○○○○○○○○○○○○○○○○○○○○○○○○○
  お届け先等を記入ください。
   氏名：     [消費 太郎]
   郵便番号： [100] ─ [××××]
   住所：     [東京都千代田区霞が関×-×-×]
   支払方法： [△△カード ××××-×××]
   配送方法： [            ▼]
                              [次の画面へ]

・ ○○コースは5か月間の定期購入契約となります。
・ 5か月間の定期購入を条件に、初(月)回が1,600円(送料・税込)になります。
・ 第2回から第5回までは1月あたり3,800円(送料・税込)になります。
```

ステップ2

```
注文内容確認
 注文内容を確認し、注文を確定してください。
 下記の注文内容が正しいことを確認してください。
 〔注文を確定する〕ボタンをクリックするまで、実際の注文は行われません。

○注文明細
```

商品名	○○コース
商品価格	1,000円（税別）
送料	500円（税込）
消費税	100円
総額	1,600円（税込）

```
○お届け先              ○発送方法：宅配便
  消費 太郎
  〒100-××××          ○支払方法
    東京都千代田区霞が関×-×-×    △△カード ××××-×××
                        有効期限:06/2020

                              [注文を確定する]
```

6. 通信販売における返品特約の表示についてのガイドライン
（「インターネットにより広告をする場合について」など一部抜粋）

特定商取引に関する法律（昭和51年法律第57号。以下「法」という。）においては、通信販売において、商品又は特定権利が返品できるか否か不明である等の理由から生じる返品についてのトラブルを防止するため、通信販売における契約の申込みの撤回等について規定している（法第15条の3）。

本規定においては、事業者が申込みの撤回等についての特約（以下「返品特約」という。）を広告に表示した場合には、当該返品特約が優先されることとなっている。また、行政規制としては、商品等の販売条件等について広告する際に、当該返品特約を含め、契約の申込みの撤回等に関する事項について広告に表示しなければならないものとされている。

この返品特約については、通信販売における返品トラブルの防止という法第15条の3の趣旨にかんがみ、その表示方法につき、特定商取引に関する法律施行規則（昭和51年通商産業省令第89号。以下「施行規則」という。）第9条及び第16条の3において、「顧客にとって見やすい箇所において明瞭に判読できるように表示する方法その他顧客にとって容易に認識することができるよう表示すること」と定めている。

本ガイドラインにおいては、このような認識しやすい表示とはどのようなものであるか、また、消費者が返品特約について認識することなく契約の申込みを行ってしまう可能性を高めるような表示方法はどのようなものであるかについて、広告媒体ごとに、具体的な例について示すこととする。

なお、本ガイドラインは例示の一つに過ぎないことから、販売業者において、消費者にとってよりわかりやすい表示になるよう引き続き取り組んでいくことを期待する。

I　各広告媒体に共通の事項

1　返品特約の表示方法について
（1）表示サイズ及び表示箇所

いかなる媒体で表示するにせよ、返品特約を極めて小さな文字で表示することや、広告中で消費者が認識しづらい箇所に表示することは、消費者にとって容易に認識することができるよう表示しているとは考えられないため、表示サイズや表示箇所に関してそれぞれ消費者が認識しやすい方法で表示する必要がある。

（2）返品特約以外の事項との区別がはっきりしていること

消費者が返品特約について容易に認識できるようにするため、いかなる媒体で表示するにせよ、返品特約が、申込方法や振込方法等の他の事項に紛れ、埋没しないような方法で表示されている必要がある。

例えば、商品の価格や申込先の電話番号等、消費者が確実に確認すると考えられる事項が表示されている箇所の近くに表示することや、他の事項と区別がつくよう、「返品に関する事項」等の表題を掲げて区分した上で、その区分に返品特約について表示するなどの措置が必要となる。

（3）返品特約のうち、「返品の可否」・「返品の条件」・「返品に係る送料負担」の表示方法

「返品の可否」・「返品の条件」・「返品に係る送料負担の有無」（以下「返品特約における重要事項」という。）については、返品に関するトラブルの主な原因となっているため、法第15条の3の趣旨に照らし、消費者が容易にその内容について認識することができるよう、他の事項に比してより明瞭な方法での表示が必要である。

例えば、商品の価格や申込先の電話番号等、消費者が必ず確認すると考えられる事項が表示されている箇所に近接して表示する、商品の価格等と同じ文字の大きさとする、色文字・太文字を用いる、返品特約における他の事項（返金方法等）よりも大きな文字とするなどの措置が必要となる。

（4）全ての商品に適用される共通のルールについて表示したページ等の活用

法第15条の3の趣旨に照らせば、返品特約は、広告中においてそれぞれの商品ごとにその全てを表示することが原則となるものの、広告には様々な形態が存在し、スペースや時間に制限のあるものも多く、さらに、返品特約についてその全てを商品ごとに表示すると、情報量が非常に多くなり、消費者の利便にも資さない可能性がある。

他方、主に、カタログ通販やインターネット通販において、「ご利用ガイド」等、全ての商品に適用される共通のルールについて表示したページ等（以下「共通表示部分」という。）において一括して返品特約を表示しているものがある。

このような表示方法は、広告スペースの制約に対応できるだけでなく、個別商品ごとに説明を繰り返すよりも消費者に分かりやすい場合もある。

そのため、共通表示部分を活用した表示方法であっても、消費者にとって容易に認識することができるよう表示していると考えられる場合もある。

② 引き渡された商品が種類又は品質に関して契約の内容に適合しない場合の販売業者の責任の特約について

本ガイドラインで示す内容は、あくまで、引き渡された商品が種類又は品質に関して契約の内容に適合している状態において返品特約を設ける場合の表示方法について説明したものである。

一方、引き渡された商品が種類又は品質に関して契約の内容に適合していない場合に、販売業者の責任について特約する場合については、別途、法第11条第5号に基づく施行規則第8条第5号において、その旨を表示することが義務付けられている。

行政規制として、前者は、その内容の如何に関わらず表示しなければならない事項であるのに対し、後者は、引き渡された商品が種類又は品質に関して契約の内容に適合していない場合にあっても責任を負わない等の特約をする場合のみ表示することを義務付けたものである。

このような性質の差異にかんがみて、特約の表示を行う場合は、販売業者が種類又は品質に関して契約の内容に適合している商品を販売した場合における返品特約であるのか、引き渡された商品が種類又は品質に関して契約の内容に適合していない場合の販売業者の責任についての特約であるのかを明確にする必要がある。

仮に両者の区別がつかない表示がなされた場合は、法の趣旨からみた広告内容の解釈としては、商品が種類又は品質に関して契約の内容に適合している状態における返品特約についてのみ規定したものと、民事上も解され、引き渡された商品が種類又は品質に関して契約の内容に適合していない場合の販売業者の責任については、民商法一般原則によると解されることとなる。

Ⅱ　各広告媒体における返品特約の表示について

（略）

2　インターネットにより広告をする場合について

（1）　共通表示部分を活用しない場合における返品特約の表示方法

①顧客にとって容易に認識することができるよう<u>表示していると考えられる返品特約の表示方法</u>（図3）

返品特約全てについて、広告及び最終申込み画面中の各商品の説明箇所において、明瞭な方法で、かつ、他の事項に隠れて埋没してしまうようなことがないように表示（例：商品の価格や電話番号等、消費者が必ず確認すると考えられる事項の近い場所に、商品の価格等と同じサイズで表示する、パーソナルコンピュータの場合において標準設定で12ポイント以上の文字で表示する、色文字・太文字を用いる等して表示するなど）する方法。

【図3】インターネットにより広告をする場合（消費者に分かりやすい表示方法）

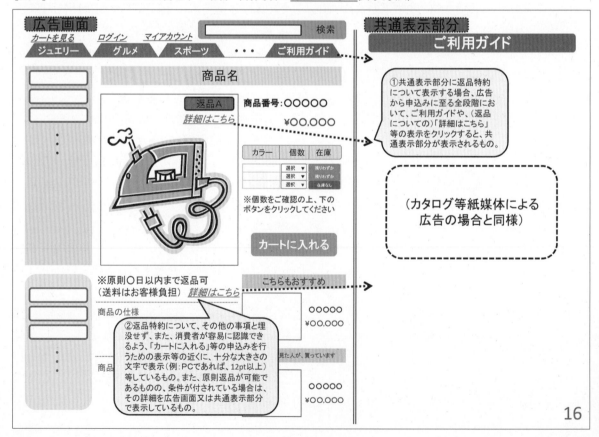

②顧客にとって容易に認識することができるよう<u>表示</u>
<u>していないおそれがある返品特約の表示方法</u>（図4）
　広告中の各商品の説明箇所において、返品特約
について何らの表示も行っていないものや、不明瞭
に表示する方法（例：極めて小さな文字で表示する
など）、または、他の事項に隠れて埋没してしまうよう
に表示する方法。

【図4】インターネットにより広告をする場合（消費者に分かりにくい表示方法）

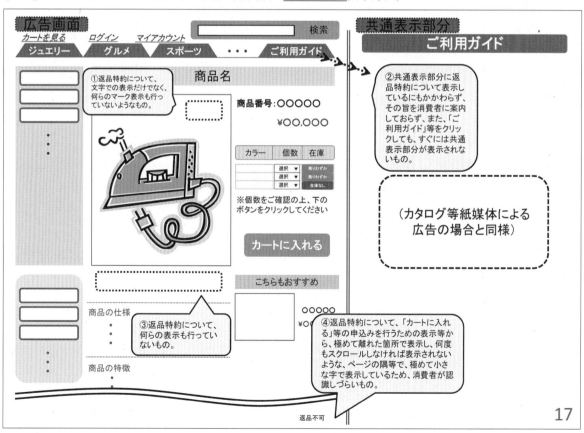

(2) 共通表示部分を活用する場合における返品特約の表示方法（広告での表示）

①顧客にとって容易に認識することができるよう表示していると考えられる返品特約の表示方法（図3）

各商品の広告部分及び共通表示部分について、以下i～ivの全てを満たす表示方法。

i 各商品の広告における表示

・広告中の各商品の説明箇所において、「返品不可」、「到着後〇日以内に限り返品可」、「使用前に限り返品可」、「送料はお客様負担」等、主に「返品特約における重要事項」について

示したマークの添付や文字での表示を、明瞭な方法で、かつ、他の事項に隠れて埋没してしまうようなことがないように表示（例：商品の価格や電話番号等、消費者が必ず確認すると考えられる事項の近い場所に、商品の価格等と同じサイズで表示する、パーソナルコンピュータの場合において標準設定で12ポイント以上の文字で表示する、色文字・太文字を用いる等して表示するなど）する。

・または、返品特約がパターン分けされている場合に、そのパターンに応じて、「返品A」・「返

【図3】インターネットにより広告をする場合（消費者に分かりやすい表示方法）※再掲

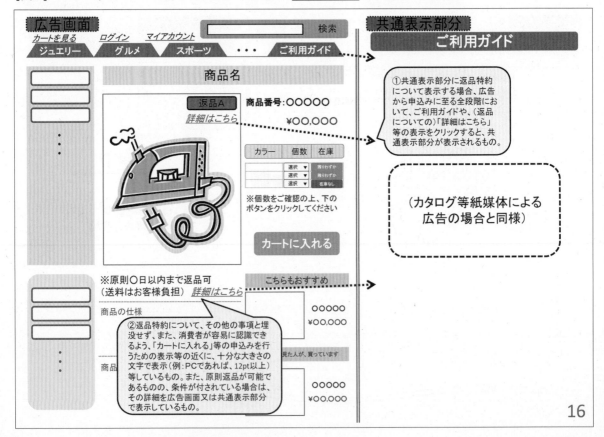

16

品B」などの分類がなされ、それを表すマークの添付や文字での表示を、明瞭な方法で、かつ、他の事項に隠れて埋没してしまうようなことがないように表示する。

・以上を行った上で、その他返品特約の詳細については、「その他、返品についての詳細はご利用ガイドをご参照下さい。」等の表示をし、そこをクリックすると共通表示部分が表示される方法。

ⅱ　いわゆるインデックスタブ等を通じた表示

広告から申込みにいたる全ての段階において、いわゆるインデックスタブのような、希望するページを素早く表示させるためのものにおける「ご利用ガイド」等の表示をクリックすると、共通表示部分が表示される方法。

ⅲ　共通表示部分での表示

・共通表示部分における返品特約についての表示が、返品特約がどこに書かれているかを一見しただけで確認することができるように表示（例：「返品に関するお知らせ」等の表題を設けて、消費者にとって返品特約についての記載がなされている箇所がはっきりしているものなど）する方法。

・「返品特約における重要事項」については、消費者が容易にその内容について認識することができるよう、その他返品特約の詳細よりも明瞭な方法で表示（例：商品の価格等と同じ文字の大きさとする、色文字・太文字を用いるなど）する方法。

ⅳ　広告している商品と返品特約の対応関係

・1つのホームページ中で広告している様々な商品について、それぞれ異なる返品特約が適用される場合に、それぞれの商品について、いかなる返品特約が適用されるかを消費者に分かりやすく表示することで、共通表示部分との対応関係が明確である方法（例：共通表示部分に、「下着類（靴下を含み、色柄付きのTシャツを含まず。）は返品不可。」、「飲食料品（サプリメントは含まず。）は返品不可。」と表示することで、どういった種類の商品が返品特約の対象となっているかが明確であるもの。）。

②顧客にとって容易に認識することができるよう表示していないおそれがある返品特約の表示方法（図4）

各商品の広告部分及び共通表示部分について、以下ⅰ～ⅳのいずれかに該当する表示方法。

ⅰ　各商品の広告における表示

・広告中の各商品の説明箇所において、返品特約について何らの表示も行わない方法。

・広告中の各商品の説明箇所において、「返品不可」、「到着後○日以内に限り返品可」等の表示を行っているものの、膨大な画面をスクロールしなければ当該表示にたどり着けないような箇所において表示する方法。

・「返品について」等の標題を設けない等により、返品特約についての説明が埋没している方法。

・目につきにくいページの隅のような箇所に表示する方法。

・極めて小さな文字で表示する方法。

・「返品についての詳細はこちら。」等、返品特約の詳細については共通表示部分で表示していることについての消費者への案内を、極めて小さな文字で表示しているものや、何度もページを移動しなければ共通表示部分に至らない方法。

ⅱ　いわゆるインデックスタブ等を通じた表示

・いわゆるインデックスタブ等、それをクリックすると共通表示部分が表示されるものを、表示していない方法。

iii 共通表示部分での表示

・共通表示部分における返品特約について、何十条にも及ぶ返品特約以外の事項を含んだ購入規約の中の他の項目と区分していない等、返品特約が埋没しているような表示方法。

・返品特約について極めて小さな文字で表示している方法。

iv 広告している商品と返品特約の対応関係

・一つのホームページ中で広告している様々な商品について、それぞれ異なる返品特約が適用されるにもかかわらず、それぞれの商品について、いかなる返品特約が適用されるかを消費者に分かりやすく表示していないために、共通表示部分との対応関係が不分明な方法（例：共通表示部分に、「下着類、飲食料品等、購入後価値が極めて低下するものは返品不可。」とのみ表示しているため、返品特約の対象に肌着と同様に使用されることがあるTシャツや一般の飲食料品ではない栄養補助のためのサプリメントが入るか否か不分明なものなど、返品特約の対象となる商品の外延が不明確であるもの。）。

【図4】インターネットにより広告をする場合（消費者に分かりにくい表示方法）※再掲

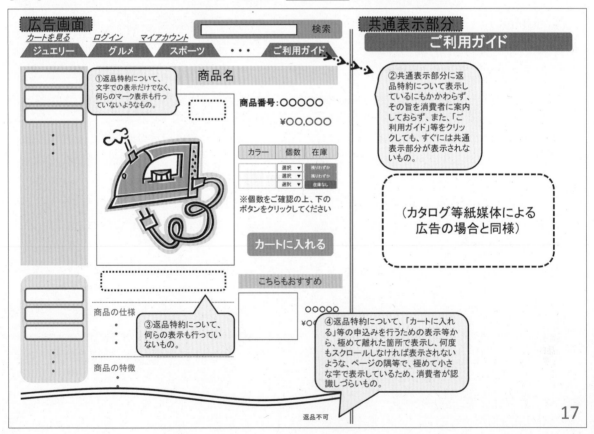

（3）顧客にとって容易に認識することができるよう表示していると考えられる返品特約の最終申込み画面における表示方法

①顧客にとって容易に認識することができるよう表示していると考えられる返品特約の表示方法（図5）

　各商品の説明箇所及び共通表示部分について、以下i～ivの全てを満たす表示方法。

ｉ　最終申込み画面における表示

・申込み画面中に、各商品の名称や価格等についての表示に加えて、返品特約について示したマークの添付や文字での表示を、明瞭な方法で、かつ、他の事項に隠れて埋没してしまうようなことがないように表示（例：パーソナルコンピュータの場合において標準設定で12ポイント以上の文字で表示する、色文字・太文字を用いる等して表示するなど）する。

・または、返品特約がパターン分けされている場合に、そのパターンに応じて、「返品A」・「返品B」などの分類がなされ、それを表すマークの添付や文字での表示を、明瞭な方法で、かつ、他の事項に隠れて埋没してしまうようなことがないように、各商品の名称や価格等について

【図5】インターネットにより広告をする場合（最終申込み画面における消費者に分かりやすい表示方法）

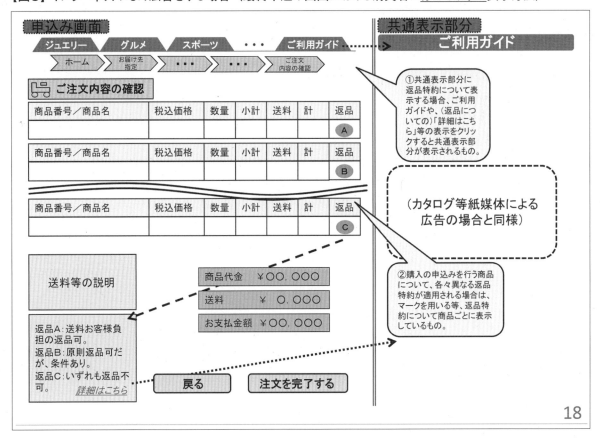

の表示に加えて表示する。

・以上を行った上で、その他返品特約の詳細については、「その他、返品についての詳細はご利用ガイドをご参照下さい。」等の表示をした上で、そこをクリックすると共通表示部分が表示される方法。

ⅱ　いわゆるインデックスタブ等を通じた表示

広告から申込みにいたる全ての段階において、いわゆるインデックスタブのような、希望するページを素早く表示させるためのものにおける「ご利用ガイド」等の表示をクリックすると、共通表示部分が表示される方法。

ⅲ　共通表示部分での表示

・共通表示部分における返品特約についての表示が、返品特約がどこに書かれているかを一見しただけで確認することができるように表示（例：「返品に関するお知らせ」等の表題を設けて、消費者にとって返品特約についての記載がなされている箇所がはっきりしているものなど）する方法。

・「返品特約における重要事項」については、消費者が容易にその内容について認識することができるよう、その他返品特約の詳細よりも明瞭な方法で表示（例：商品の価格等と同じ文字の大きさとする、色文字・太文字を用いるなど）する方法。

ⅳ　広告している商品と返品特約の対応関係

・一つのホームページ中で広告している様々な商品について、それぞれ異なる返品特約が適用される場合に、それぞれの商品について、いかなる返品特約が適用されるかを消費者に分かりやすく表示することで、共通表示部分との対応関係が明確である方法（例：共通表示部分に、「下着類（靴下を含み、色柄付きのTシャツを

含まず。）は返品不可。」、「飲食料品（サプリメントは含まず。）は返品不可。」と表示することで、どういった種類の商品が返品特約の対象となっているかが明確であるもの。）。

②顧客にとって容易に認識することができるよう表示していないおそれがある返品特約の表示方法（図6）

各商品の説明箇所及び共通表示部分について、以下ⅰ～ⅳのいずれかに該当する表示方法。

ⅰ　各商品の広告における表示

・申込み画面中で各商品の説明箇所において、返品特約について何らの表示も行わない方法。

・「返品不可」、「到着後○日以内に限り返品可」等の表示を行っているものの、膨大な画面をスクロールしなければ当該表示にたどり着けないような箇所において表示している方法。

・「返品について」等の標題を設けていない等により、返品特約についての説明が埋没している方法。

・目につきにくいページの隅のような箇所に表示する方法。

・極めて小さな文字で表示する方法。

・「返品についての詳細はこちら。」等、返品特約の詳細については共通表示部分で表示していることについての消費者への案内が、極めて小さな文字で表示する方法や、何度もページを移動しなければ共通表示部分に至らない方法。

ⅱ　いわゆるインデックスタブ等を通じた表示

・いわゆるインデックスタブ等、それをクリックすると共通表示部分が表示されるものが表示されていない方法。

ⅲ　共通表示部分での表示

・共通表示部分における返品特約について、何十条にも及ぶ返品特約以外の事項を含んだ購

入規約の中の他の項目と区分していない等の
ため、返品特約が埋没しているような表示方法。
・返品特約について極めて小さな文字で表示して
いる方法。
iv　広告している商品と返品特約の対応関係
・一つのホームページ中で広告している様々な商
品について、それぞれ異なる返品特約が適用さ
れるにもかかわらず、それぞれの商品について、
いかなる返品特約が適用されるかを消費者に
分かりやすく表示していないために、共通表示
部分との対応関係が不分明な方法（例：共通

表示部分に、「下着類、飲食料品類等、購入
後価値が極めて低下するものは返品不可。」と
のみ表示しているため、返品特約の対象に肌着
と同様に使用されることがあるTシャツや一般の
飲食料品ではない栄養補助のためのサプリメン
トが入るか否か不分明なものなど、返品特約の
対象となる商品の外延が不明確であるもの。）。

【図6】インターネットにより広告をする場合（最終申込み画面における消費者に分かりにくい表示方法）

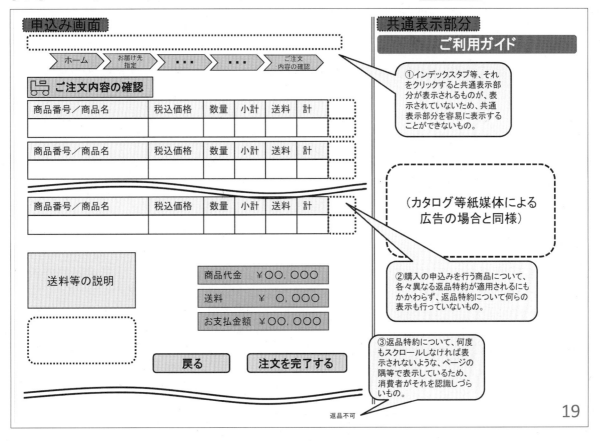